ORGANISATION DU SÉNAT

REPRÉSENTATION DES INTÉRÊTS

PAR

ARTHUR D'HOFFSCHMIDT

BRUXELLES
Vve FERDINAND LARCIER, ÉDITEUR
22, Rue des Minimes, 22

1892

ORGANISATION DU SÉNAT

REPRÉSENTATION DES INTÉRÊTS

PAR

ARTHUR D'HOFFSCHMIDT.

BRUXELLES
Vve FERDINAND LARCIER, ÉDITEUR
22, Rue des Minimes, 22

1892

ARLON. — TYP. ET LITH. F. BRÜCK.

ORGANISATION DU SÉNAT.

REPRÉSENTATION DES INTÉRÊTS.

CHAPITRE I. — **Revision de la Constitution.**

Les articles de la Constitution soumis à revision par le vote des Chambres et la sanction royale sont au nombre de treize : 1er, 26, 36, 47, 48, 52, 53, 54, 56, 57, 58, 60, 61.

Les questions principales à examiner sont au nombre de sept, auxquelles s'ajoutent quelques questions moins importantes :

1° Congo et Luxembourg	Art. 1er.
2° Électorat	47.
3° Referendum	26.
4° Représentation proportionnelle et autres questions s'y rattachant	36, 48.
5° Organisation du Sénat	53, 54, 56.
6° Indemnité parlementaire	52, 57.
7° Famille royale	58, 60, 61.

Les événements de 1848, dans notre pays, démontrent à quel point la revision de l'article 47 de la Constitution est nécessaire au point de vue national.

A cette époque, le gouvernement a eu la sagesse de proposer une réforme abaissant immédiatement le cens électoral au minimum constitutionnel, laquelle a été adoptée à l'unanimité par les Chambres, ce qui a préservé la Belgique de tout désordre pendant cette période agitée, quand des émeutes tentaient de bouleverser les institutions de la plupart des autres pays.

Si des événements analogues se renouvelaient aujourd'hui, lorsque le nombre des électeurs belges est proportionnellement plus restreint qu'ailleurs, il est évident que la population réclamerait une large extension du droit de suffrage.

L'article 47 actuel ne permettrait plus, comme en 1848, de faire la moindre concession ; il faudrait alors ou bien refuser toute modification au présent état de choses, ou bien procéder immédiatement à la revision de cette disposition constitutionnelle.

Refuser, ce serait vouloir lutter contre le courant populaire et par ce fait risquer la révolution. Reviser à ce moment serait si pas impossible, tout au moins incontestablement mauvais, attendu qu'un acte semblable demande qu'on obéisse à la raison et non à la passion, tandis que quand existe l'agitation populaire, celle-ci est presque toujours puissante.

La prudence exige par conséquent qu'on se prémunisse contre ce danger éventuel. A tous les titres, il est préférable de s'occuper d'une semblable question lorsque le pays est calme, plutôt que d'attendre d'y être contraint par l'agitation populaire.

Pour ces diverses causes, la revision de l'article 47 est indispensable : il faut augmenter le nombre des électeurs dans des limites assez larges pour faire disparaître le grief réel qu'on peut justement invoquer aujourd'hui.

La revision de l'article 56 est également nécessaire, attendu que parmi les dispositions constitutionnelles, c'est celle-là, en théorie comme en pratique, qui a donné lieu au plus grand nombre de difficultés.

Comme nous l'avons dit, plusieurs articles ont été ajoutés aux précédents, ce qui fait que d'autres questions devront être examinées par les Chambres.

Avant d'aborder l'examen général de celles-ci, il est une remarque essentielle et indispensable à faire. Entre l'élaboration et la revision d'une Constitution, il existe une différence considérable, dont il est nécessaire de tenir compte.

Lorsqu'un Congrès élabore une Constitution, il décide quelle sera l'organisation du gouvernement et doit ensuite faire concorder entre eux tous les détails de celle-ci. C'est là un point capital, car, sans cet accord, une organisation deviendrait bientôt défectueuse et difficilement applicable.

Quand il s'agit d'une revision, le droit de ceux qui sont appelés à y procéder est bien autrement restreint. Il faut naturellement qu'aucun des changements introduits ne soit en désaccord avec les principes et les dispositions non soumises à revision. Pas moyen, par conséquent, de remplacer les règles anciennes par d'autres qui ne seraient pas en harmonie avec l'esprit qui a servi de guide pour le vote des parties essentielles de la Constitution ; il ne faut absolument pas que les articles nouveaux établissent l'un ou l'autre principe qui serait en opposition avec ceux admis en 1831, parce qu'un même acte ne peut renfermer deux parties qui deviendraient inconciliables dans l'avenir.

Comme point essentiel d'une revision, il faut autant que possible chercher à éviter tout bouleversement. Le but à poursuivre à cette fin consiste à n'accepter que les changements reconnus nécessaires.

L'article 1er donne lieu à l'examen de deux questions différentes.

La Constitution doit-elle, par son texte, donner à la Belgique le droit de posséder des colonies et spécialement ici le Congo ? C'est là une question fort importante pour l'avenir du pays, dont nous n'avons pas à nous occuper dans ce livre.

En second lieu, il s'agit de supprimer du texte de cet article ces mots : « sauf les relations du Luxembourg avec la confédération germanique ».

Ce dernier point ne peut évidemment soulever aucune objection, puisque voilà plus de vingt ans que la confédération germanique n'existe plus.

Quelles ont d'ailleurs été ces relations ?

Elles ont cessé officiellement pour la province belge par le traité du 19 avril 1839, et depuis 1830, elles ne se sont manifestées que dans des cas qui ne doivent pas faire désirer le maintien de ce texte.

Après le protocole du 20 janvier 1831, de la conférence de Londres, sur les bases de séparation entre la Hollande et la Belgique, par lequel le grand-duché de Luxembourg *tout entier* était attribué à la maison de Nassau ; après la proclamation du Régent aux Luxembourgeois et les sommations de la conférence, un corps d'armée allemand, composé de 24,278 hommes et 3,500 chevaux, fut réuni à Trèves pour envahir le Luxembourg et en expulser les autorités belges ; les fonctionnaires grand-ducaux siégeant dans la ville de Luxembourg, forteresse fédérale, avaient même procédé à l'adjudication publique des vivres nécessaires à l'entretien de ces troupes, tandis que la garde civique luxembourgeoise avait été mobilisée à l'effet de renforcer l'armée et les bataillons des volontaires des autres provinces, appelés pour résister à cette invasion à laquelle le traité des 18 articles de juillet 1831 mit obstacle.

Tel est l'acte principal de ces relations, auquel on doit ajouter l'internement de M. Thorn, gouverneur de la province, gardé à Luxembourg par la garnison fédérale (16 avril 1832 au 23 octobre suivant) ; l'arrestation la nuit, à Bettembourg, le 16 février 1834, par des soldats prussiens, de M. Hanno, commissaire belge du district de Luxembourg, à cause du tirage au sort des miliciens dans les communes situées à proximité de la forteresse ; l'arrestation par ces mêmes soldats des bûcherons exploitant la coupe annuelle de la forêt domaniale de Grunenwald, comprise dans le rayon de la forteresse ; enfin l'intervention des troupes prussiennes, en 1838, à l'effet de faire disparaître un drapeau belge que les habitants de Strassem avaient arboré à l'occasion de la nomination de leur bourgmestre, faits qui tous, naturellement, soulevèrent des débats et des protestations dans les Chambres belges.

L'article 26 concerne le referendum qu'il s'agit d'introduire dans la Constitution.

Il existe une distinction à établir entre le *referendum ante legem* et le *referendum post legem.* Le premier n'est nullement pratique pour une multitude de raisons. Il est incontestable que toute question non discutée est inconnue de la majeure partie du corps électoral, ce qui le rend absolument incompétent ; de plus, pour pouvoir sérieusement apprécier un principe, il faut savoir de quelle manière la loi l'appliquera.

Quant au second, il modifierait entièrement la situation respective des divers pouvoirs, dont la pondération forme la base même de l'édifice constitutionnel.

Les Chambres, d'après la Constitution de 1831, exercent leur pouvoir dans toute sa plénitude. Elles seraient mises en tutelle par l'organisation nouvelle donnant la faculté de faire ratifier leurs actes par une autorité supérieure formée par le corps électoral dans son ensemble.

C'est là incontestablement un bouleversement complet de l'organisation de 1831, enlevant au parlement le souverain pouvoir qu'il a possédé depuis soixante ans, sans jamais en abuser, pour y substituer l'autorité aveugle des masses appelées à se prononcer par un vote sur une seule et unique question.

Lorsqu'on compare l'ancienne et la nouvelle organisation, on reconnaît facilement la supériorité de la première, parce que la dissolution est préférable au referendum.

Le Congrès a parfaitement reconnu que l'intervention de la nation peut parfois être nécessaire, mais celle-ci doit avoir une portée générale et non un caractère spécial.

Au point de vue pratique, il est évident que cette seconde hypothèse devrait, la plupart du temps, donner des résultats défectueux. Sur mille électeurs, combien n'en est-il pas qui n'attacheront aucune importance à la solution donnée à une question spéciale ? Ceux-ci ou bien s'abstiendront, ce qui vaut mieux, ou bien voteront au hasard, ce qui est pis. Ainsi, souvent ce verdict n'aura aucune valeur réelle, à cause soit de l'abstention, soit de l'indifférence d'une grande partie des électeurs.

Ces défauts si évidents et si nuisibles n'existent pas lorsqu'il y a dissolution : il s'agit d'apprécier dans son ensemble la politique à suivre dans le pays, à juger la conduite du gouvernement tant par ses actes que par son programme. Dans ces conditions, l'électeur a toute latitude de voter conformément à ses idées ayant un but particulier ou général ; il ne peut y avoir chez lui ni indifférence, ni incompétence au sujet de la question spéciale à décider. Comment soutiendrait-on d'ailleurs qu'il ne vaut pas beaucoup mieux faire voter des milliers de citoyens sur les questions de politique générale connues de tous, que sur une question juridique, fiscale ou administrative, que les neuf dixièmes des électeurs ne connaissent que d'une manière très superficielle ?

Les députés qui prennent la parole doivent étudier la question qu'ils traitent, laquelle est appréciée par leurs collègues qui les écoutent, si ceux-ci ne l'ont pas eux-mêmes examinée. La Chambre, votant dans un sens ou dans l'autre, est par conséquent une autorité bien informée.

Certes, il n'en est plus ainsi du corps électoral, puisque la plupart des votants, lorsqu'il s'agit d'une question spéciale, ignorent les arguments à faire valoir pour l'affirmative ou la négative et sont généralement peu aptes à apprécier les causes pour lesquelles il fait préférer les uns aux autres.

Il est un principe juridique dont la logique n'est pas contestable : on ne peut appeler à une autorité mal informée des actes d'une autorité bien informée. Telle serait la conséquence illogique du referendum.

Les articles 36 indirectement et 48 directement concernent la représentation proportionnelle, dont précédemment nous avons indiqué les nombreux défauts qui la rendent inadmissible (1). Parmi ceux-ci, l'un des principaux consiste à supprimer toute majorité parlementaire homogène, pour la remplacer par la réunion accidentelle de certains groupes unis aujourd'hui, séparés demain, ce qui détruit toute stabilité ministérielle et devient d'autant plus nuisible que, par l'immobilisation de la plus grande partie des sièges parlementaires, ce seraient les manœuvres des chefs de groupe, plutôt que la volonté de l'électeur, qui exerceraient la plus grande influence politique dans le parlement.

La représentation proportionnelle tend par conséquent à amoindrir, si pas à supprimer, la force que donne au gouvernement l'organisation parlementaire actuelle. Rien ne doit être plus antipathique aux personnes qui désirent assurer le

---

(1) *Effets nuisibles de la représentation proportionnelle.* Bruxelles, 1890. — *Les Systèmes minoritaires.* Bruxelles, 1891. — Ve Larcier, éditeur.

maintien de nos institutions que cette anarchie qu'il s'agit d'introduire dans nos Chambres, par la substitution de coteries de tous genres aux partis politiques. Ce caractère anti-conservateur de cette réforme est évident et ne doit pas être pour elle une cause qui devrait la faire admettre, surtout au moment où l'on cherche à bouleverser complètement l'organisation du Sénat, parce qu'on trouve qu'elle ne lui donnerait pas assez de force pour résister éventuellement aux effets possibles d'une large extension du droit de suffrage. Ce n'est certes pas alors qu'il convient d'affaiblir le gouvernement.

Il est impossible de proportionnaliser une élection individuelle, et comme le principe de la majorité devient par là seul applicable, il arrive dans ce cas qu'un élu de la minorité des électeurs doit être remplacé par un député choisi par la majorité de ceux-ci, ce qui détruit la proportion antérieure. Tel est l'un des principaux motifs pour lesquels la revision de l'article 36 est demandée, afin de supprimer les élections extraordinaires.

Les effets de cette disposition ont déjà été restreints par la loi sur les incompatibilités de 1848, néanmoins un député nommé ministre doit encore être soumis à réélection. Telle est la suppression demandée.

Cependant, cette garantie existe dans les pays constitutionnels où les ministres peuvent faire partie des Chambres. Elle n'a jamais chez nous fait naitre de protestations publiques ; aucun grief n'a été invoqué contre elle. Par les exemples anciens, on constate qu'elle peut être utile, puisque, avant 1848, certaines nominations n'ont pas été ratifiées par le corps électoral. Pourquoi d'ailleurs supprimer ce contrôle salutaire ne permettant pas à un député de devenir ministre, en acceptant un programme en opposition complète avec les intérêts des électeurs qu'il représente ? Cela n'est pas possible aujourd'hui et les conséquences de cette précaution sont certainement justes. Il faudrait des raisons bien puissantes pour supprimer l'obstacle que partout on a voulu élever et maintenir pour empêcher la réalisation d'un fait contraire aux principes mêmes du régime parlementaire.

Par la revision de l'article 48, il s'agit de supprimer d'une manière absolue l'élection extraordinaire par la nomination de suppléants Ce régime a existé chez nous de 1815 à 1825 et a été supprimé à cette époque. On l'a ensuite établi pour le Congrès où il y eut néanmoins quatre élections extraordinaires : à Arlon, à Bruxelles, à Namur et à Liège. Cette assemblée l'a condamné lors du vote de la loi électorale du 3 mars 1831.

Il s'agit aussi par cet article de permettre la suppression de tous les petits arrondissements et d'autoriser la formation de collèges comprenant une province entière : le Limbourg, le Luxembourg et Namur, c'est-à-dire dans toutes celles qui n'ont pas six sénateurs.

D'après le projet de loi concernant la représentation proportionnelle, déposé jadis à la Chambre, des 41 arrondissements électoraux, il en restait en tout et pour tout trois intacts : Anvers, Bruxelles et Liège ; les 38 autres étaient réunis pour former 14 circonscriptions nouvelles.

Les arrondissements administratifs, créés sous le régime hollandais, existent depuis soixante-dix ans, et depuis 1830 ils sont représentés chacun au parlement. Supprimer cet avantage incontestable leur causerait un énorme préjudice, et cela sans la moindre compensation. Plus aucun mandataire n'aurait mission de défendre spécialement leurs intérêts, lesquels, mêlés à ceux d'une grande circonscription, se verraient noyés dans la masse et par là négligés et abandonnés.

Les articles 58, 60 et 61 concernent la famille royale, les articles 52 et 57 l'indemnité parlementaire ; ce sont là des questions spéciales.

L'électorat et l'organisation du Sénat constituent évidemment les deux parties principales les plus importantes de la revision.

Le but recherché par la revision de l'article 47 consiste à réaliser une large extension du droit de suffrage ; tout le monde est d'accord pour reconnaître que c'est là une nécessité.

Différents moyens ont été proposés pour arriver à ce résultat et rien n'indique jusqu'à présent celui qui sera adopté.

Le changement qui doit se réaliser par la revision de l'article 47, offre-t-il des dangers au point de vue de la stabilité des institutions ? Faut-il craindre que pour cette cause la situation du pays devienne périlleuse ?

On constate, d'après les débats parlementaires, que toute discussion relative à une réforme devant élargir les bases de l'électorat a toujours fait naître des craintes de ce genre, tandis que l'avenir ne les a pas réalisées. Le peuple belge, par sa sagesse et son esprit réfléchi, doit inspirer confiance, et l'on peut adopter la réforme future sans devoir chercher des garanties dans le bouleversement d'anciennes institutions, dont une longue expérience a démontré les avantages.

Lors de la discussion de la loi communale à la Chambre, le ministre de l'intérieur voulait que dans les grandes villes le cens électoral fût fixé à 100 frs. Dans une ville comme Bruxelles, affirmait-il le 15 février 1836, les habitants ne trouveraient pas une garantie de la bonne gestion des intérêts communs dans un conseil formé par des électeurs payant un cens aussi faible que 70 frs.

En 1847, M. Castiau proposait d'admettre comme électeurs

les personnes figurant sur la liste des jurés, pourvu qu'elles payent le cens minimum de 20 florins. Cette proposition, après un remarquable débat, fut rejetée par 48 voix contre 22 ; ce changement inspirait des craintes que l'avenir n'a pas justifiées.

La réforme de 1848, faisant disparaître le cens différentiel, fut adoptée à l'unanimité par les deux Chambres; néanmoins on invoquait contre elle les conséquences de ce changement devant, disait-on, amener l'asservissement des campagnes par les villes, ce qui encore ne s'est pas réalisé.

La discussion si longue relative à la loi de 1870, admettant la capacité comme base partielle de l'électorat, fut, pour cette cause, l'objet de critiques que les faits démentirent. Son existence fut courte ; elle fut remplacée par la réforme de 1872 abaissant le cens provincial et celui de la commune. Cette dernière fut vivement combattue, parce que les conseils communaux, affirmait-on, seraient alors composés de communards, prédiction qui, de nouveau, ne s'est point réalisée.

Enfin, la loi de 1883, par laquelle le capacité était admise comme base de l'électorat pour la province et la commune, fut également combattue, tandis que ses effets n'ont pas, pour ainsi dire, modifié la composition antérieure, quant aux citoyens investis de ces fonctions, des conseils provinciaux et communaux.

Toutes les prévisions pessimistes, quant à l'extension du droit de suffrage, ont été inexactes ; les faits démontrent surabondamment quelles ne doivent pas inspirer d'inquiétudes, pourvu qu'on prenne certaines précautions nécessaires, commandées par l'expérience acquise.

Qu'on se reporte à la situation faite au pays en 1848, par laquelle le cens était abaissé dans les grands arrondissements de 80 à 20 florins, ce qui augmentait dans des proportions énormes le nombre des électeurs. Certes, on devait s'attendre à ce qu'un changement si considérable produirait des résultats importants ; néanmoins, au bout de quelques années, la lutte politique redevint ce qu'elle était auparavant, et, à part l'augmentation du nombre des électeurs, ce furent les mêmes débats et les mêmes questions qui préoccupèrent le parlement.

Cet abaissement du cens n'avait pas modifié l'esprit du corps électoral composé d'hommes dont la plus grande partie possède une instruction suffisante ; on évitait par là cet écueil dangereux et essentiellement nuisible à la nation : une trop grande prépondérance donnée à l'élément ignorant et illettré.

Par ce fait, on obtenait cette garantie importante et essentielle pour l'avenir du pays : les électeurs, nouveaux à cette époque, ont agi en conscience, comprenant les conséquences importantes que pouvait avoir leur vote.

Le citoyen illettré, par conséquent complètement ignorant, est matériellement incapable d'exprimer son vote par lui-même, puisqu'il faut ou bien écrire son bulletin, ou bien le lire s'il est imprimé, et l'illettré ne peut faire ni l'un ni l'autre.

Cette incapacité matérielle est si bien établie que déjà la Constitution de l'an III, par son article 16, exigeait pour être électeur la condition de savoir lire et écrire, applicable, il est vrai, seulement dix années plus tard, à cause de l'état peu avancé de l'instruction à cette époque. Depuis lors, cette condition a été introduite dans plusieurs pays et actuellement encore il est question d'en faire en Hollande une condition de l'électorat.

Quand un homme n'a pas la possibilité de pouvoir par lui-même exprimer son vote, il est clair qu'il n'est plus qu'une machine à voter obéissant à la volonté d'un tiers ou au hasard. C'est avec raison que ce vice constitue une cause d'exclusion.

Indépendamment de cette incapacité matérielle dont il vient d'être question, il en est une autre beaucoup plus grave, beaucoup plus nuisible au point de vue général.

Celui qui n'a jamais lu ni un livre, ni même un journal, ne s'occupe naturellement pas de ce qui se passe en dehors de la localité qu'il habite ou des affaires qui l'intéressent personnellement. Le restant ne l'inquiète pas ; cela lui est indifférent. Pour toutes les questions de ce genre, il appartient à ce parti que des organes de la presse appelaient jadis les *jemenfichistes*. A ceux-ci tout leur est égal, à part ce qui se rattache à eux, et aucune raison ne les engage personnellement à voter dans un sens plutôt que dans l'autre.

Qu'arrive-t-il dans ce cas, le jour du scrutin ? Ou bien l'électeur s'abstient faute d'intérêt et alors il est superflu de lui donner un droit dont il ne veut pas user ; ou bien il sacrifie son libre-arbitre et dépose le bulletin que lui dicte la volonté d'autrui

Evidemment, on ne peut rien attendre de bon de ces électeurs agissant aujourd'hui dans un sens, demain dans un autre, sans comprendre ce qu'ils font, ni surtout pourquoi ils agissent ainsi.

Si les réformes précédemment admises n'ont amené aucune conséquence funeste, c'est bien parce que dans son ensemble le corps électoral pouvait apprécier le but et les conséquences de ses actes. Pour arriver au même résultat, il faut donc que la réforme future offre les mêmes garanties, c'est-à-dire arrive à ce que chaque électeur puisse, autant que possible, se rendre compte de l'importance de son vote et des conséquences qu'il peut avoir.

L'illettré n'a pas la possibilité de parvenir à apprécier le but ni les conséquences de son droit de vote ; il serait par conséquent nuisible à la nation de confier ses destinées à des ignorants pouvant exercer une influence prépondérante sur le résultat du scrutin.

Afin d'éviter ce danger et d'assurer au pays une garantie nécessaire, il suffirait d'ajouter à l'article 47, l'alinéa final suivant :

« Nul ne peut être électeur, s'il ne sait lire et écrire. » (1)

A cette disposition s'ajouterait un vœu qu'émettront sans doute tous les Belges : que le développement de l'instruction primaire rende bientôt ce texte complètement inapplicable. Lui-même, sans aucun doute, contribuerait puissamment à atteindre ce résultat si désirable.

Il s'agit ici, non pas d'une condition de l'électorat, mais d'une exclusion générale et absolue, applicable dans tous les cas et quel que soit le système adopté par le texte précédent.

CHAPITRE II. — **Le Sénat.**

L'existence du Sénat n'est pas mise en question par la revision actuelle, puisque d'après divers articles de la Constitution non revisables, notamment l'article 26, le pouvoir législatif s'exerce collectivement par cette assemblée, le roi et la Chambre des représentants.

D'après l'article 55, également maintenu, les sénateurs doivent être élus et leur mandat dure huit années. Il n'est donc pas possible d'admettre une nouvelle organisation par laquelle le Sénat serait totalement ou partiellement composé de membres non soumis à élection.

---

(1) Pour constater ce fait, de nombreux moyens existent, tant ceux qu'indiquent les législations étrangères, que ceux qu'ont proposés à la Chambre différents amendements à plusieurs époques et dont le texte est cité aux *Pandectes*, V° *Capacité électorale*, notes.

Les articles soumis à revision et concernant cette assemblée sont les suivants :

53 — Sénateurs élus à raison de la population de chaque province par les électeurs nommant les représentants.

54 — Nombre des sénateurs égal à la moitié des représentants.

56 — Conditions d'éligibilité.

57 — Absence de traitement ou d'indemnité.

58 — Admission comme sénateur de l'héritier présomptif du roi.

Nous avons ici à nous occuper des articles 53, 54 et 56 relatifs à l'organisation du Sénat.

La discussion approfondie, relative à cette assemblée, qui a eu lieu en 1830 au Congrès, de même que l'expérience acquise depuis cette époque tant en Belgique qu'à l'étranger, démontrent que l'institution de deux Chambres est nécessaire dans tout gouvernement constitutionnel. C'est aussi d'ailleurs ce qui est reconnu théoriquement et également appliqué dans presque tous les états de l'Europe soumis au régime parlementaire.

La question principale, en ce moment fort importante chez nous, est celle-ci : quelle doit être l'organisation du Sénat ?

Il importe à cet égard d'examiner les faits passés ; la sagesse exige toujours qu'on en tienne compte.

Dans la plupart des états où existent deux Chambres, il est arrivé que des manifestations de l'opinion publique réclamaient la suppression du Sénat, à cause de l'un ou l'autre vice constaté, tandis qu'en Belgique il n'en a jamais été ainsi. Cela prouve que le Sénat belge, tant par ses actes que par son organisation, a su mériter la confiance de l'opinion publique, tout en restant dans les limites que lui a tracées la Constitution.

Son rôle doit être modeste ; il ne peut aspirer à la suprême influence, ni chercher à lutter avec la Chambre dans le but de la conquérir.

Il constitue un pouvoir modérateur destiné à mettre obstacle à ce que la Chambre des représentants ne se laisse emporter par des idées exagérées dont la réalisation pourrait être funeste au pays. C'est l'image d'un frein destiné à empêcher une voiture d'aller trop vite, lorsque, dans une descente rapide, cette allure précipitée causerait un accident.

La Chambre des représentants, par sa conduite sage, n'a pas rendu nécessaire l'emploi de ce frein, et par une sagesse égale, le Sénat a continuellement marché d'accord avec elle dans les principales questions.

C'est là l'un des griefs invoqués aujourd'hui contre l'organisation actuelle : le Sénat ne doit pas être une doublure de la Chambre.

Certes, il est impossible que les deux Chambres soient absolument identiques, mais il serait bien pire de les constituer d'une manière absolument différente, de manière à détruire toute communauté d'idées entre elles.

Ce point est certainement le plus important de la question présente, parce que de lui dérivent les diverses règles à appliquer aux dispositions qui dépendent de celui-ci.

Théoriquement, l'institution de deux Chambres a-t-elle pour but d'obtenir deux avis différents sur une même question ?

Evidemment non, car ce dualisme deviendrait alors la source de conflits fréquents, ce que toute organisation gouvernementale doit en premier lieu chercher à éviter.

Existe-t-il une situation plus déplorable pour un pays que celle amenée par un conflit persistant entre les deux Chambres qui composent le parlement ? Alors le pouvoir législatif n'a plus force ni puissance, et les seules solutions possibles, si l'on ne parvient pas à l'apaiser, seraient ou le coup d'état, ou la révolution.

Sans doute, ce danger ne peut se présenter que dans des circonstances tout-à-fait exceptionnelles ; néanmoins, comme nul ne peut prévoir l'avenir, il est sage de prendre des précautions pour l'éviter, et plus celles-ci seront efficaces, mieux incontestablement vaudra l'organisation adoptée.

A cet égard, notre Constitution réalise la meilleure conception possible pour mettre obstacle à tout conflit durable et sérieux entre les deux assemblées. Le moyen d'y mettre un terme saute aux yeux de quiconque lit le texte constitutionnel : il suffit de dissoudre simultanément les deux Chambres.

C'est là une garantie précieuse dont on ne saurait faire trop de cas, attendu que rien ne peut être plus préjudiciable à la nation qu'un conflit permanent entre les deux assemblées, conduisant naturellement soit à la révolution, soit à la guerre civile.

La situation serait autre si les deux assemblées étaient élues par des électeurs différents ou soumises à des organisations dissemblables, parce que, dans ce cas, la dissolution pourrait être inopérante et laisser subsister l'état de choses précédent.

Pourquoi alors abandonner l'organisation actuelle en ce qui concerne l'élection des sénateurs, puisqu'elle constitue, quant aux conflits entre les deux Chambres, la garantie la plus certaine et la plus efficace qu'on puisse désirer ? Quelle raison y aurait-il pour l'abandonner et en préférer une autre avec laquelle cette garantie n'existerait plus ?

Lorsque l'une des deux Chambres est nommée par le roi et non élue, celle-ci représente réellement le pouvoir exécutif et non la nation. Au moyen de *fournées*, elle exprimera l'opinion que désirera le gouvernement, à qui il appartient ainsi soit de faire naître un conflit, soit d'y mettre un terme. Par ce système, inapplicable en Belgique d'après les articles maintenus de la Constitution, il existe un remède au mal que nous signalons et que n'ont pas à craindre les nombreux pays soumis à ce régime.

Mais, quand les deux Chambres sont élues par un corps électoral différent, non seulement le conflit est possible, mais il doit être présumable. Il suffit en effet d'une question d'ordre secondaire pour le faire naître, et la dissolution simultanée pourrait avoir pour effet de l'envenimer davantage. Comment parvenir alors à y mettre un terme ?

De part et d'autre, les électeurs ont un nombre déterminé de mandataires, qu'on ne peut modifier si les majorités des deux assemblées sont en désaccord au sujet d'une question et persistent dans leur manière de voir, qui est celle de leurs électeurs. Quelle est alors la Chambre qui représente le pays et qui doit avoir raison ?

Si les mêmes électeurs, par une organisation différente, élisent les deux Chambres, il est facile de démontrer par un exemple fort simple que le même fait peut fréquemment se produire.

Ainsi dix électeurs ont à nommer trois élus ; six forment la majorité et quatre la minorité. Ces mêmes électeurs, par une autre organisation, forment trois collèges : le premier comprend quatre membres de la majorité ; le second deux membres de la minorité et un de la majorité ; composition semblable pour le troisième. Dans le premier cas, la majorité aura les trois élus, mais dans le second elle n'en aura qu'un seul et la minorité en aura deux. Supposons, avec des chiffres plus considérables, chacune de ces organisations appliquée à l'une des deux Chambres, et il en résulte que dans le domaine politique un conflit est certain, inévitable, sans que la dissolution puisse en rien modifier la situation antérieure.

A plus forte raison, pareille éventualité doit également se présenter lorsque les colléges sont formés pour une Chambre, afin de représenter certains intérêts, tandis que pour l'autre, l'organisation actuelle serait maintenue. Les élus de cette dernière sont choisis à cause de leur opinion politique ; dans la première, c'est parce qu'ils sont partisans ou adversaires de telle réforme ; rien n'empêche par conséquent qu'ils soient réélus, sans que les électeurs tiennent compte de leur vote au sujet de la question particulière qui est la cause du conflit.

Avec le régime actuel, tout conflit durable est impossible ; c'est là un avantage auquel on ne saurait attacher trop grand prix, parce qu'il assure à la nation une longue période de calme, source évidente de prospérité. Une autre organisation, ayant un effet contraire, n'aurait probablement pas pu avoir chez nous une aussi longue durée.

Lorsque quelqu'un possède une chose dont il s'est servi longtemps avec avantage, songe-t-il à la détruire pour la remplacer par une nouvelle dont il lui a été impossible de juger la valeur et qui bientôt peut-être ne lui rendrait que de mauvais services ? La logique la plus élémentaire condamnerait l'imprudent qui agirait ainsi, et ce que ne doit pas faire un homme est à plus forte raison interdit à une nation.

Dans les quatre hypothèses qui viennent d'être successivement examinées, on constate que par la première un conflit durable n'est pas possible ; que pour la seconde il existe un moyen facile de modifier la situation, tandis que pour les deux autres le remède au mal est à trouver.

Il est évident que toute Constitution est incomplète lorsque cette éventualité n'est pas prévue ; or, dans ce cas, le seul remède qui existe est le referendum, dont nous avons déjà parlé au point de vue théorique ; examinons le maintenant au point de vue pratique.

Le corps électoral est appelé par ce mode à se prononcer par *oui* ou par *non* sur une question déterminée ; cela est excessivement simple ; seulement, une condition essentielle est ici nécessaire : le corps électoral doit pouvoir juger et apprécier cette question.

Lorsqu'il s'agit, par exemple, de décider le jour ou le lieu d'un marché, les électeurs sont aptes à pouvoir statuer en connaissance de cause. Mais en est-il de même pour toute question juridique, administrative et surtout fiscale ?

Il est évident d'abord que, pour ces dernières questions, le referendum est inadmissible, attendu que tout impôt, quelque nécessaire qu'il soit, sera naturellement rejeté ; cela n'est pas douteux.

Un fait, que toute personne ayant siégé dans une députation permanente a pu constater, démontre aussi combien ce moyen peut avoir des effets nuisibles. Quand, par exemple, dans une commune, il s'agit d'un travail important et onéreux, il fait naître généralement, avant d'être exécuté, une opposition considérable qui, s'il y avait referendum, empêcherait la plupart du temps sa réalisation. Si l'énergie et la sagesse de cette administration persévèrent, l'opinion publique, au bout d'un certain temps après l'exécution, est souvent unanime pour la remercier et l'approuver, ce qui démontre les vices que produirait le vote populaire, lorsqu'il est irréfléchi.

Supposons maintenant que, pour une cause quelconque, une réforme judiciaire soit réclamée ; l'une des Chambres a admis le juge unique, tandis que l'autre n'en veut absolument pas, et il faut que le referendum décide quelle doit être la solution de ce conflit.

Cette question, récemment développée par l'un des avocats les plus éminents de la cour de cassation, permet à l'affirmative et à la négative de s'affirmer au moyen d'arguments sérieux. Seulement, pour les connaître, il faut une étude à laquelle ne se livrera naturellement pas le corps électoral ; de plus, il faut une compétence spéciale pour pouvoir apprécier ceux-ci, compétence que ne possède pas la plus grande partie des électeurs.

Si ces derniers étaient appelés à juger cette question, ils devraient ou bien s'abstenir ou agir au hasard comme la maîtresse de maison qui doit décider si, dans le menu de son dîner, doit figurer un bouilli ou un rôti.

On n'a généralement pas l'habitude de consulter des maçons sur les réparations à faire à une montre, ou les couvreurs en ardoises, sur le traitement que doit suivre un cheval malade.

Quelle valeur peut avoir une décision de ce genre, de laquelle dépend en quelque sorte le prestige de l'une des Chambres ?

D'un autre côté, il est clair que la majorité des habitants a peu ou point d'affaires à soumettre fréquemment à la justice. La solution de cette question n'intéresse pas ces électeurs qui resteront chez eux, et le nombre d'abstentions sera considérable, ce qui diminuera encore la valeur de la décision susdite.

Comme remède au mal dont il est question, le referendum ne vaut donc absolument rien, et cependant il n'y en a pas d'autre. Cela ne prouve-t-il pas qu'il est absolument nécessaire de maintenir l'organisation actuelle, puisqu'avec elle le mal ne peut exister, ce qui rend le remède superflu.

Mais on lui reproche de faire du Sénat la doublure de la Chambre. Ce reproche est-il fondé ?

Pour éviter ce défaut, il existe trois différences principales possibles, indépendamment des points secondaires ; elles s'établissent soit par l'électorat, soit par l'éligibilité, soit par un mode d'élection à appliquer d'une manière distincte pour chacune des Chambres.

Actuellement, cette différence se constate 1° par l'âge ; 2° par la durée du mandat ; 3° au sujet de l'indemnité ; 4° par les conditions d'éligibilité.

Cette dernière seule a ici de l'importance, puisque l'âge de quarante ans exigé des sénateurs est atteint au moins par les deux tiers des représentants ; que l'absence d'indemnité est une conséquence des conditions d'éligibilité ; que la durée plus longue du mandat se rattache peu au sujet dont il est ici question.

C'est donc l'éligibilité qui constitue aujourd'hui pour ainsi dire la seule différence importante entre les deux Chambres. Est-elle suffisante ?

Le Sénat existe comme pouvoir modérateur ; pour lui donner ce caractère, il est évident, et les faits le démontrent, que c'est dans l'éligibilité plutôt que dans l'électorat qu'il convient de chercher à réaliser ce but.

Le moyen d'y parvenir par l'éligibilité est facile à trouver, tandis qu'il n'en est pas de même quant à l'électorat, à moins d'opérer des restrictions abusives. On ne peut d'abord faire un triage des électeurs ; en second lieu, une organisation particulière de ceux-ci peut parfaitement donner des résultats contraires à ceux qu'on attend.

En outre, en établissant deux organisations électorales différentes, c'est afin d'arriver à ce que, éventuellement, les mêmes électeurs expriment des opinions dissemblables, rien que par le fait de ces organisations, les conditions d'éligibilité étant les mêmes. Ainsi l'une des deux doit nécessairement fausser l'expression de la volonté du corps électoral, du pays par conséquent, puisque dans les deux cas les mêmes électeurs ont à choisir parmi les mêmes éligibles.

L'éligibilité, dans ces conditions, a un rôle particulièrement important en ce sens qu'elle peut offrir des garanties positives, que dans aucun cas une organisation différente de l'électorat ne peut donner.

Ainsi, il est évident qu'une assemblée, ne pouvant comprendre que telle ou telle catégorie déterminée de citoyens, ne sera jamais composée en majorité de membres disposés à admettre des théories opposées aux idées que cette catégorie a toujours admises; c'est là le moyen le plus efficace de constituer une Chambre de manière à ce qu'elle soit un pouvoir modérateur. Seulement, la difficulté ici consiste à éviter toute exagération dans ce sens.

Nous avons vu précédemment combien étaient vicieuses les combinaisons par lesquelles la distinction entre les Chambres s'établit soit par l'électorat, soit par une organisation différente. Les conflits qui peuvent en résulter condamnent ces deux moyens.

Un reproche plus légitime fait au Sénat consiste en ce que, fréquemment, il se borne à approuver simplement les décisions de la Chambre, ce qui, dans ce cas, le transforme en bureau d'enregistrement.

Il y aurait incontestablement avantage à améliorer cette situation qui dépend de diverses causes.

La loi sur les incompatibilités de 1848 a privé les Chambres d'un grand nombre d'hommes pratiques. Avant cette époque, il y avait beaucoup moins de discours, mais beaucoup plus d'observations judicieuses. Par la lecture des débats parlementaires de cette époque, il est possible d'apprécier les lois dans leurs détails et de connaître ainsi quelle était la volonté du législateur.

Actuellement, ce sont les questions générales qui font l'objet principal du débat et, à moins que ne se manifeste la fièvre des amendements, qui alors bouleverse le texte du projet de fond en comble, les articles ne sont examinés que très superficiellement. En fait, ce sont les bureaux ministériels qui exercent en grande partie le pouvoir législatif. D'abord ils élaborent les différentes dispositions formant une loi ; ensuite, par des circulaires, ils déterminent comment celles-ci doivent être appliquées. Cela n'est guère constitutionnel et il vaudrait beaucoup mieux que les Chambres elles-mêmes fissent des observations sur l'application des articles, de manière à rendre celle-ci précise et incontestable. La confection des lois n'en serait que meilleure, car une simple remarque faite pendant la discussion, au sujet d'une difficulté d'interprétation, aurait souvent pour conséquence de faire disparaître celle-ci.

Dans le grand-duché de Luxembourg, où cependant n'existe qu'une seule Chambre, la confection des lois est évidemment plus soignée que chez nous, par le fait de l'intervention du Conseil d'État, composé d'hommes instruits et pratiques, lequel se transforme en seconde Chambre, dont la mission est consultative. Ainsi, chaque projet de loi doit passer à la Chambre par deux discussions successives, après trois mois d'intervalle, sauf décision contraire de la Chambre approuvée par le Conseil, parce que tout projet de loi, avec ses amendements, doit être soumis au Conseil d'État, qui émet son avis motivé sur ses diverses parties, ce qui permet aux députés de reviser et d'améliorer leur travail primitif (1).

---

(1) Voici quelques détails relatifs à l'organisation de ce corps, qui émanent d'un homme très compétent, M. Ruppert, conseiller

Si le Sénat, au lieu d'entamer une seconde édition des discussions générales, ce qui manque généralement d'intérêt, voulait s'occuper principalement des détails d'application, des difficultés éventuelles, des obstacles que peut rencontrer l'exécution de chacun des articles, cela serait une amélioration évidente dont le public ne tarderait pas à se rendre compte.

Seulement, cela n'est possible qu'à la condition d'ouvrir le

---

secrétaire-général du gouvernement grand-ducal, secrétaire du Conseil d'État et greffier de la Chambre des députés, dont l'amabilité et l'obligeance ne sauraient assez être louées :

Le Conseil d'État, placé à côté du gouvernement, est appelé à délibérer sur les projets de loi et les amendements qui pourraient y être proposés, à régler les questions du contentieux administratif et à donner son avis sur toutes autres questions qui lui seront déférées par le grand-duc ou par la Constitution.

Le Conseil est composé de 15 membres au plus, dont 7 forment le comité du contentieux. Les membres du Conseil d'État sont nommés à vie par le grand-duc. Le comité du contentieux est renouvelé tous les six ans, et les membres en sont nommés sur une liste de candidats présentés par la Chambre, et parmi lesquels, s'il s'agit d'un renouvellement intégral, le grand-duc choisit au moins trois membres. Le grand-duc peut dissoudre le Conseil.

Pour être membre du Conseil d'État, il faut être Luxembourgeois, jouir des droits civils et politiques, résider dans le Grand-Duché et être âgé de trente ans au moins. Pour être membre du contentieux, il faut en outre être docteur en droit et résider dans la ville de Luxembourg.

Le Conseil délibère en assemblée générale de tous ses membres, sur les projets de loi, les amendements, les règlements d'administration publique et sur toutes les questions de haute administration sur lesquelles son avis est requis par les lois et les règlements, ou demandé par le grand-duc ou son gouvernement. Les séances ne sont pas publiques.

Aucun projet de loi et, sauf le cas d'urgence à apprécier par le grand-duc, aucun projet de règlement d'administration ou de police générale n'est soumis au grand-duc, ni présenté à la Chambre, qu'après que le Conseil d'État a été entendu en son avis. Cet avis est donné par un rapport motivé, contenant des conclusions, et, le cas échéant, un contre-projet

Dans le cas où le gouvernement jugerait qu'il y a urgence pour la

Sénat à des hommes pratiques pouvant juger les diverses questions de détail avec compétence. Il serait téméraire à un orateur de talent de se lancer dans ces discussions minutieuses, attendu que très probablement il se ferait bientôt réfuter d'une façon décisive, ce qui le dégoûterait de tenter de nouveau pareille expérience.

L'amélioration dont il est question exigerait donc un changement important aux conditions d'éligibilité. Outre les éligibles censitaires, il faudrait des éligibles capacitaires, c'est-à-

---

présentation d'un projet de loi, la Chambre pourra en être saisie directement, sans que le Conseil d'État ait été entendu ; cependant la Chambre alors pourra en ordonner le renvoi au Conseil d'État, afin d'avis préalable, avant de le soumettre à la discussion. Néanmoins, si l'urgence a été reconnue par le gouvernement, d'accord avec la Chambre, il pourra être passé outre à la discussion, mais l'avis du Conseil devra être communiqué à la Chambre avant le vote définitif du projet de loi. Il en est de même des propositions de loi d'initiative parlementaire.

Lorsqu'un projet de loi aura, par l'adoption d'amendements ou le rejet d'articles, subi des modifications sur lesquelles le Conseil d'État n'aura pas été entendu, l'avis de ce corps devra être communiqué à la Chambre avant que celle-ci puisse voter sur l'ensemble du projet. C'est sur cet avis que la section centrale arrête définitivement les conclusions de son rapport, auquel l'avis du Conseil d'État doit être annexé.

Toutes les lois sont soumises à un second vote, à moins que la Chambre, *d'accord avec le Conseil d'État*, siégeant en séance *publique*, n'en décide autrement. Lorsque le Conseil d'État se sera prononcé contre la dispense du second vote d'un projet de loi, sa résolution est communiquée à la Chambre, et le projet ne pourra être soumis à ce second vote qu'au moins trois mois après le premier.

Si, à l'occasion de ce second vote, le projet de loi subit de nouvelles modifications par l'adoption d'amendements ou le rejet d'articles, le Conseil d'État sera appelé à se prononcer sur ces modifications avant le vote définitif par la Chambre ; en cas d'adoption par celle-ci desdites modifications, il y a de nouveau lieu à décider si la loi ne doit pas passer par le second vote, et il appartient au Conseil d'État d'y opposer son veto, comme pour la première fois.

dire des hommes pratiques ayant acquis l'expérience nécessaire par des fonctions ou une profession de certaine durée à déterminer.

Ces capacitaires, par leur science, leurs capacités et leur expérience, présentent des garanties égales à celles des éligibles censitaires.

Les recherches à faire pour déterminer dans de bonnes conditions les règles de l'éligibilité capacitaire ne doivent pas être sommaires, attendu qu'il faudrait une chance extraordinaire pour trouver immédiatement la meilleure solution.

Si, sous ce rapport, ces recherches doivent naturellement s'appliquer à des hauts fonctionnaires de l'État, rien n'empêche non plus d'examiner si parmi certaines professions, il n'en est pas aussi qui puissent être admises, celles, par exemple, qui exigent certaine science et dont l'exercice prolongé donne la somme de connaissances pratiques ici recherchée.

L'exemple suivant, s'appliquant à un fait récent, indique combien la présence d'hommes pratiques serait utile dans l'assemblée.

Les deux Chambres ont été dissoutes et il a été procédé à de nouvelles élections pour désigner les hommes ayant l'importante mission de reviser le pacte constitutionnel. Il était nécessaire de veiller particulièrement à ce que, dans des conditions semblables, ces élections, au point de vue légal, de même qu'en ce qui concerne les chiffres, fussent parfaitement régulières.

Or, en lisant les *Annales* du mois de juillet dernier, où se trouvent les séances consacrées à la vérification des pouvoirs, on y constate des erreurs juridiques et autres tellement nombreuses qu'on peut les compter par douzaines, et cela à la simple lecture, sans qu'aucune vérification de pièces soit même nécessaire.

Ce vice s'est manifesté dans les deux Chambres, seulement, comme les représentants élus par chaque collège sont plus nombreux, on ne peut constater la plupart du temps l'inexactitude des résultats pour ceux-ci qu'en vérifiant les pièces, ce qui est superflu pour un grand nombre d'élections relatives au Sénat. C'est donc par ce qui s'est passé dans cette dernière assemblée que nous allons justifier notre affirmation.

L'article 169 des lois électorales est ainsi conçu : « Lorsque le nombre des candidats proposés ne dépasse pas celui des membres à élire, ces membres sont élus et proclamés, quel que soit le nombre des voix qu'ils ont obtenus. »

Néanmoins, dans toutes les élections sans lutte, la majorité absolue est numériquement établie, puis, par une formule fréquemment employée, il est ajouté : « M. un tel, ayant obtenu la majorité absolue, a été proclamé sénateur. »

Ainsi voilà l'article 169 implicitement abrogé.

Cette erreur juridique, facile à constater par tout lecteur quelconque, a été commise pour les arrondissements de Thielt, Philippeville, Maeseyck, Hasselt, Turnhout, Namur, Malines, Alost, Dinant, Eecloo, Termonde, Audenarde, Tournai (pour le ballottage !), Ypres, Louvain, Courtrai, Marche-Bastogne, Roulers, Mons, Furnes-Dixmude, Waremme, Bruges, c'est-à-dire 22 sur 38 circonscriptions sénatoriales !

Quand il n'y a qu'un seul candidat sur les rangs, ou bien lorsqu'il n'y a que deux luttant l'un contre l'autre, il est certain et incontestable qu'il ne peut y avoir aucun bulletin valable ne donnant pas de suffrage à l'un de ces candidats ; par conséquent le nombre des bulletins valables doit certainement être égal, dans ces deux cas, au nombre des suffrages exprimés ; il ne peut en être autrement.

Dans dix arrondissements néanmoins, sur 38, ces chiffres

sont en désaccord, donc faux certainement en partie : Thielt, Philippeville, Maeseyck, Eecloo, Huy, Neufchâteau, Ypres, Arlon-Virton, Roulers, Thuin.

Le deuxième alinéa de l'article 170 des lois électorales est ainsi conçu : « Le bulletin qui ne contient de suffrages valables que pour l'élection des membres de l'une des Chambres, n'entre point en compte afin de déterminer le nombre des votants pour l'élection des membres de l'autre Chambre. »

C'est cette disposition que la plupart des bureaux ont négligé d'observer dans leurs calculs, en ne déterminant pas une majorité absolue différente pour chacune des Chambres, irrégularité fréquente qui, déjà, il y a quatre ans, a rendu la validité de l'élection de Nivelles contestable.

La cause en est principalement à l'impression essentiellement défectueuse des formules des procès-verbaux qui ne donnaient la place nécessaire que pour l'indication d'une seule et unique majorité. C'est là une faute qui n'aurait pas dû être commise ; néanmoins ni à la Chambre, ni au Sénat, la violation manifeste de la loi n'a été rectifiée !

Dans certains cas, lorsqu'il y a deux candidats en lutte sans compétiteurs, il est encore possible, mais cette fois d'une manière hypothétique, de constater, sans examen des pièces, l'inexactitude des résultats. Pour expliquer le moyen à employer dans ce but, prenons pour exemple les chiffres de Turnhout, où il y avait 1274 votants, 1231 bulletins valables, 968 voix pour M. Van de Werve et 960 pour M. de Gruben.

Ces chiffres ne sont exacts qu'à la condition que dans cet arrondissement il y ait eu 697 bulletins collectifs et 534 bulletins uninominaux, dont 271 pour M. Van de Werve et 263 pour M. de Gruben, ce qui est bien peu probable.

Voici les opérations justifiant ce résultat : on additionne les suffrages des deux candidats, ce qui donnerait le nombre de bulletins, s'ils étaient tous uninominaux. On soustrait de ce total le nombre des bulletins valables, ce qui donne le nombre de bulletins plurinominaux ou collectifs pour les deux candidats. Ensuite on soustrait le nombre de bulletins collectifs de celui des suffrages de chacun des candidats, d'où résulte pour l'un et l'autre, le nombre des bulletins uninominaux. Pour vérifier l'exactitude du calcul, il suffit d'additionner le chiffre des bulletins plurinominaux avec celui des bulletins uninominaux de chacun des candidats ; le total doit être égal au nombre désigné des bulletins valables :

697 + 271 + 263 = 1231, nombre des bulletins valides.

Par ces calculs, voici ce qu'on obtient dans les six autres arrondissements où cette même situation s'est produite :

			Nombre de suffrages.		Bulletins	Bulletins
	Votants.	Bulletins valables.	1er candidat.	2e candidat.	plurinominaux.	uninominaux.
Malines	2822	1793	1648	1640	1495	298
Bruges	2784	1581	1562	1514	1495	86
Courtrai	1352	1309	1212	1196	1099	210
Alost	2035	1624	1502	1495	1373	251
Termonde	1127	1083	936	890	743	340
Namur	3474	2046	2017	2015	1986	60

Il n'est pas à présumer que dans la plupart de ces arrondissements le nombre des bulletins uninominaux ait pu être si considérable ; par conséquent il est fort probable qu'au moins une partie de ces chiffres est certainement inexacte.

Ensuite, il en est d'autres qui nécessairement sont faux pour l'une des Chambres. Ainsi, à Gand, le nombre des votants est, dans les *Annales* du Sénat, de 8,416, dans celles de la Chambre, de 8,503, dans la presse et par les télégrammes officiels, 8,365. A Ostende, le nombre des votants pour le Sénat est 1,497 ; pour la Chambre, 1,512. A Dinant, le nombre des votants 806 est inférieur au nombre des votes émis pour la Chambre (plus de 1200). Il y a également désaccord pour le nombre de votants au ballottage de Nivelles. A Tongres, les chiffres sont ceux du procès-verbal de l'une des sections et non de celui du bureau principal.

Ensuite, lorsqu'il y a eu lutte, jamais il n'est fait mention de celle-ci, ni des non-élus, ni des suffrages par eux obtenus. Cela est donc absolument incomplet.

Ainsi la plupart des chiffres qui figurent aux *Annales* sont ou faux ou inexacts ou erronés. Certes, si l'on cherchait un moyen d'obtenir un plus mauvais résultat, il serait fort difficile d'y parvenir.

Il est indispensable de chercher à modifier cet état de choses, dont on ne trouverait sans doute aucun exemple chez les autres nations soumises au régime parlementaire.

Dans le canton de Neuchâtel, existe un remède qui met obstacle à l'existence de cette multitude d'inexactitudes.

L'article 63 de la loi électorale du 28 octobre 1891 ordonne au Conseil d'État (chez nous le département de l'intérieur), auquel tous les procès-verbaux des élections sont envoyés, de publier dans le journal officiel les résultats des diverses élections. Ces relevés sont complets et faits avec grand soin.

Voilà une amélioration qu'il conviendrait d'introduire dans notre loi électorale, afin de ne plus voir se renouveler une vérification des pouvoirs semblable à celle de cette année.

Revenons maintenant au sujet principal ici traité.

Si l'organisation actuelle est maintenue, pourquoi modifierait-on les articles 53 et 54 ?

Le premier de ces articles stipule d'abord que les sénateurs sont élus par les mêmes électeurs que les représentants ; la démonstration qui précède indique que c'est là une solution excellente. Il détermine ensuite que la répartition en est faite d'après le chiffre de la population de chaque province. Or chacun sait que pour procéder à la répartition des députés des deux Chambres, il y a d'abord une répartition par province et ensuite une sous-répartition par arrondissement. Cette méthode n'a donné lieu à aucune plainte ni à aucun inconvénient ; pourquoi la modifierait-on ?

L'article 54 décide que le nombre des sénateurs est égal à la moitié de celui des représentants. Le chiffre actuel est juste, normal, conforme aux usages établis partout depuis longtemps. Il n'existe donc aucune raison sérieuse engageant à modifier cet état de choses.

CHAPITRE III. — **Élection des Sénateurs.**

Les règles à appliquer à l'élection des sénateurs peuvent, à un point de vue absolument général, être divisées en trois genres différents :

1° Élection par les mêmes électeurs et par la même organisation que la Chambre des représentants.

2° Election avec les mêmes électeurs que la Chambre, mais avec une autre organisation.

3° Election avec un corps électoral autrement composé que celui de la Chambre.

Le premier genre est celui qui a été adopté en 1831 et suivi depuis cette époque. Nous en avons précédemment démontré les avantages ; il est donc superflu d'en parler de nouveau et d'expliquer quelle est son application que tout le monde connaît.

Avant d'examiner les deux autres modes, il convient d'indiquer brièvement quels ont été les régimes électoraux antérieurs auxquels la Belgique a été soumise, depuis que ses habitants ont eu à nommer des mandataires chargés de les représenter dans un parlement appelé à statuer sur les affaires de la nation, c'est-à-dire depuis le 1er prairial an V (20 mai 1797). Auparavant, les assemblées n'avaient qu'un caractère local ou provincial ; il n'existait aucun parlement élu ayant des attributions semblables à celles des assemblées législatives.

Par la Constitution du 5 fructidor an III et les lois des 22 et 25 fructidor an III, 27 pluviôse, 20 nivôse, 5 et 28 ventôse an V, 2 pluviôse, 18 ventôse et 6 germinal an VI, le Corps législatif comprenait deux Chambres : le Conseil des Anciens et le Conseil des Cinq-Cents, renouvelables par tiers chaque année et dont les membres étaient nommés par l'élection à deux degrés au chef-lieu de chacun des départements (1).

(1) La loi du 27 pluviôse an V, répartissant les députés d'après la population, a déterminé de la manière suivante la représentation des *départements réunis* (provinces belges) et l'ordre de sortie de leurs députés :

DÉPARTEMENTS.	POPULATION.	Nombre de Mandataires.			RENOUVELLEMENT.					
					1re Série (An V)		2e Série (An VI)		3e Série (An VII)	
		Conseil des Anciens.	Conseil des Cinq-Cents.	Total.	Conseil des Anciens.	Conseil des Cinq-Cents.	Conseil des Anciens.	Conseil des Cinq-Cents.	Conseil des Anciens.	Conseil des Cinq-Cents.
Dyle (Brabant)	389.789	3	6	9	1	2	1	2	1	2
Escaut (Flandre orientale)	578.550	4	9	13	1	3	2	3	1	3
Forêts (Luxembourg)	194.011	1	3	4	0	1	0	1	1	1
Jemmapes (Hainaut)	408.668	3	6	9	1	2	1	2	1	2
Lys (Flandre occidentale)	475.118	4	7	11	1	3	2	2	1	2
Meuse-Inférieure (Limbourg)	216.566	2	3	5	1	1	1	1	0	1
Deux-Nèthes (Anvers)	253.981	2	4	6	1	1	0	2	1	1
Ourthe (Liège)	310.444	2	5	7	1	1	1	2	0	2
Sambre-et-Meuse (Namur)	150.754	1	2	3	1	0	0	1	0	1
Totaux....	2.977.881	25	45	67	8	14	8	16	6	15

L'étendue territoriale de plusieurs départements n'était pas semblable à celle des provinces actuelles.

Par la Constitution du 22 frimaire an VIII, les lois, sénatus-consultes, décrets et arrêtés des 13 ventôse an IX, 22 ventôse, 16 thermidor et 19 fructidor an X, 26 vendémiaire an XI, 6 brumaire et 28 floréal an XII, 17 janvier et 22 février 1806, les membres du Corps législatif étaient nommés par le Sénat, qui d'abord avait à les choisir dans la liste des notables nationaux désignés par les électeurs, et plus tard, parmi des candidats élus à chaque renouvellement par le collège électoral du département et par ceux des arrondissements, formés eux-mêmes d'une manière définitive par voie d'élection (1).

Par la loi fondamentale du 24 août 1815 et les règlements provinciaux (il n'y avait ni loi électorale, ni loi provinciale, ni loi communale) sur les États provinciaux, les villes et le plat-pays, dont les dates diffèrent pour les diverses provinces et sont indiquées aux *Pandectes*, V° *Arrondissement*, note du n° 57, les États généraux comprenaient deux Chambres, la première nommée par le roi et la seconde élue par les États provinciaux.

---

(1) Voici quelle était, au Corps législatif, la représentation des anciennes provinces belges, leur division en séries et l'époque des renouvellements :

Séries.	DÉPARTEMENTS.	Nombre de députés.	Ordre de sortie.	Époques des renouvellements
1re	Lys (Flandre occidentale) . . .	4	5e	1807 et 1812.
	Meuse-Inférieure (Limbourg) .	2		
2e	Dyle (Brabant).	4	4e	An XIV et 1811.
	Forêts (Luxembourg	2		
3e	Deux-Nèthes (Anvers)	3	2e	An XII et 1809.
	Jemmapes (Hainaut)	4		
	Ourthe (Liège).	3		
4e	Escaut (Flandre orientale). . .	4	1re	An XI, 1808 et 1813.
	Sambre-et-Meuse (Namur). . .	2		
5e	Aucun	»	3e	An XIII et 1810.
	Total. . .	28		

Après, arrive la Constitution de 1831, dont les dispositions sont connues.

Ce résumé indique que le pays a déjà fait l'expérience d'une foule de systèmes différents. Quel est celui qui a produit les meilleurs résultats et donné satisfaction la plus complète à l'opinion publique ? C'est incontestablement celui qui est en vigueur actuellement, c'est-à-dire l'élection directe. On ne doit pas, par conséquent, abandonner une organisation reconnue bonne et dont personne ne se plaint, pour lui substituer un système dont les inconvénients ont été constatés dans le passé.

Nous avons maintenant à examiner successivement les différents modes d'élection dont il vient d'être question et ceux qu'on propose d'appliquer chez nous.

1. — Élection directe.

Au point de vue théorique, il est incontestable que ce mode d'élection est préférable à tous les autres. C'est d'ailleurs ce que le Congrès a reconnu en admettant l'élection directe comme base unique de notre système électoral. Et jamais personne n'a demandé la moindre dérogation à cette règle reconnue unanimement comme excellente.

Par l'élection, le citoyen choisit ses mandataires au parlement ou dans une autre assemblée. Il désigne non seulement par là le but politique ou administratif qu'il poursuit, mais il doit encore avoir la faculté d'exercer ce choix en tenant compte des personnes, c'est-à-dire pouvoir admettre dans son parti tel candidat favorable à telle réforme ou avoir la faculté d'en repousser un autre parce qu'il appuie un projet dont l'électeur est l'adversaire. Certes, rien n'est plus juste, plus légitime et nul ne pourrait prétendre que cela constitue de la part du votant une prétention exorbitante.

Or, de tous les systèmes, c'est l'élection directe qui donne satisfaction dans toute sa plénitude à un droit sans lequel l'élection proprement dite n'existe réellement pas.

Lorsque l'élection est indirecte, il est encore quelque peu donné satisfaction à ce droit quand le nombre de candidats à élire n'est pas trop considérable, mais il n'en est plus du tout ainsi par l'élection à plusieurs degrés, où le citoyen doit se borner à choisir celui à qui il donne mandat d'exercer son droit en son lieu et place, sans pouvoir en rien, pour le jour du vote définitif, manifester ses préférences en faveur de telle personne plutôt que de telle autre, afin qu'elle occupe la fonction qui fait l'objet de l'élection. Il peut même arriver que, lors du vote du premier degré, les candidats législatifs ne soient aucunement connus, et alors le votant ne peut se prononcer qu'au point de vue politique et doit renoncer à tout autre exercice de son droit.

Lorsqu'on se rend compte de cette différence considérable, on constate combien le Congrès a eu raison de n'admettre que l'élection directe ; il n'est même pas possible d'établir entre elle et les autres la moindre comparaison, sans devoir forcément reconnaitre la supériorité de celle-ci.

Cette supériorité est surtout incontestable lorsque c'est le conseil provincial ou communal qui doit nommer les élus directement ou par délégués. Ici, le rôle de l'électeur est pour ainsi dire nul en ce qui concerne la composition de la Chambre ; autant vaudrait l'écarter complètement.

L'électeur élit des hommes appelés à gérer des intérêts provinciaux ou communaux, ce qui constitue leur principale mission, et naturellement le votant doit surtout en tenir compte, au lieu de ne songer qu'au vote qu'ils auront à émettre, peut-être trois ans après. Supposons qu'un temps pareil s'écoule, la volonté manifestée par l'électeur ne sera-t-elle pas complètement oubliée ? De plus, les candidats législatifs, avant leur élection, s'inquiéteront-ils en quoi que ce soit des électeurs qui ont nommé les conseillers, ou bien ne s'occuperont-ils uniquement que de ces derniers ? Il n'est douteux pour personne que l'électeur ne comptera pas et alors le droit qu'il possède ne serait qu'une fiction ne lui servant à rien. Si même, il commettait l'erreur de croire qu'il n'en est pas ainsi et fondait uniquement son vote sur ce motif, cela pourrait avoir pour effet de vicier celui-ci comme choix d'administrateurs, résultat nuisible quant à l'élection à laquelle il doit participer, puisque la loi l'a établie uniquement dans un but administratif.

L'élection directe est donc à tous égards et sous tous les rapports préférable à cette dernière. L'une n'a que des avantages reconnus et constatés ; pour l'autre, ce sont des vices, des inconvénients évidents, et son résultat le plus certain consisterait réellement à confisquer d'une manière indirecte, mais positive, le droit de presque tous les électeurs de choisir leurs mandataires.

Voici d'ailleurs comment s'exprime M. Thonissen, dans son ouvrage sur la Constitution belge (n° 229), au sujet de l'élection directe :

« Le Congrès national a replacé le système électoral sur sa
« véritable base. En consacrant le principe de l'élection di-
« recte, en faisant disparaître tout intermédiaire entre l'élec-
« teur et l'élu, il a permis au gouvernement représentatif
« d'être une réalité. Il a compris qu'on relève la dignité du
« citoyen en lui accordant la nomination directe de ceux qui
« sont chargés de faire les lois et de présider aux destinées
« de la nation. »

2. — Élection indirecte.

Par l'élection indirecte, les citoyens élisent des personnes, et parmi celles-ci, une autorité quelconque désigne les titulaires des fonctions pour lesquelles il y a eu vote. Ce genre d'élection n'est pas applicable actuellement au Sénat, puisque l'acte final est réellement une nomination.

Par la Constitution de l'an VIII, tous les citoyens inscrits sur le registre civique (suffrage universel) devaient former, par voie d'élection, dans la proportion d'un sur dix, une liste de notables communaux, parmi lesquels étaient nommés les fonctionnaires de l'arrondissement.

Ces notables, dans la même proportion et de la même manière, formaient parmi eux la liste des notables départementaux, auxquels étaient réservées les fonctions du département.

Ces derniers, également dans la même proportion et de la même manière, formaient la liste des notables nationaux, c'est-à-dire celle dans laquelle étaient choisis les membres du Sénat, du Corps législatif et du Tribunat.

L'exemple suivant indique quel était l'effet de cette organisation. Supposons un département où le nombre de citoyens inscrits sur les registres civiques était de 25,000 ; la liste des notables communaux devait comprendre 2,500 noms ; celle des notables départementaux 250, et celle des notables nationaux 25. C'est parmi ces 25 noms que le Sénat avait à nommer un ou deux députés. Il fallait, d'après la Constitution, que tout département fût au moins représenté par un député dans l'assemblée.

L'organisation de l'an X apporta d'importantes modifications à cet état de choses. Les anciennes assemblées communales, appelées cantonales, eurent à élire deux collèges électoraux, l'un pour l'arrondissement, l'autre pour le département ; les membres en étaient nommés à vie. Le premier comprenait un membre par cinq cents habitants, le second un par mille.

Le collège du département, à chacune de ses réunions, élisait deux candidats pour le Sénat, et à l'époque du renouvellement du Corps législatif, deux candidats pour chacune des places vacantes. A cette même époque, le collège du département avait à désigner deux candidats pour le Corps législatif. En réalité, il y avait, à deux degrés, élection par deux collèges, de deux candidats chacun, et l'un des quatre devait être nommé.

Ces détails sont intéressants à rappeler parce qu'ils démontrent à quel point, sous les apparences d'une élection, il est possible d'enlever au peuple toute participation réelle au choix des membres du parlement.

3. — Élection a plusieurs degrés.

Ce genre d'élection se subdivise en un certain nombre de catégories. En premier lieu, le nombre de degrés ou de votes successifs établit une différence évidente. En second lieu, on donne ce nom, plutôt conventionnellement que réellement, à une élection de députés faite par un corps constitué, élu lui-même souvent bien antérieurement, à une époque où l'élection législative ne peut être qu'à l'état de projet.

Voici les règles établies concernant ce vote par la Constitution de l'an III.

Les citoyens âgés de 21 ans au moins, inscrits sur le registre civique, à la condition de payer une contribution déterminée, faculté accordée à celui qui n'en possédait pas la base, se réunissaient dans les assemblées primaires, à l'effet de nommer un électeur par cent inscrits. Ces électeurs formaient l'assemblée électorale du département et se réunissaient au chef-lieu, en session ne pouvant durer que dix jours au maximum, pour élire notamment les membres du Conseil des Anciens et de celui des Cinq-Cents, qui se renouvelaient par tiers tous les ans.

Par le vote à deux ou plusieurs degrés, selon les règles établies, les électeurs du premier degré, peu de temps avant le vote final, ont à nommer les électeurs du second degré et peuvent ainsi exercer de l'influence, tout au moins au point de vue politique, sur le scrutin définitif.

Mais cette influence ne peut jamais, comme nous l'avons vu, n'être que restreinte, en ce qu'elle ne s'applique pas au choix personnel des titulaires. Presque toujours, à l'ordre du jour du parlement, figurent des questions ne touchant qu'indirectement la politique, où par conséquent, dans un même parti, des dispositions de la loi nouvelle rencontrent des partisans et des adversaires. Avec le système actuel, et c'est là une supériorité incontestable, l'électeur a la faculté d'intervenir à ce sujet ; il peut donner la préférence à certains candidats d'une liste qui partagent sa manière de voir au sujet de la question susdite, tout en combattant des candidats d'une même liste devant voter dans un sens contraire. Ce droit, quelquefois si nécessaire, est complètement supprimé par le vote à deux degrés, par lequel, au premier scrutin, l'électeur doit à cet égard voter comme un aveugle, les yeux fermés, afin de choisir celui à qui il donnera une délégation absolument générale, pouvant avoir des résultats en opposition complète avec l'opinion du votant sur une loi spéciale à discuter.

Supposons un homme qui a placé sa fortune dans une affaire importante, qu'une loi nouvelle peut faire prospérer, tandis qu'elle peut aussi causer sa ruine. Il s'agit ici d'une question d'un intérêt vital pour lui et sa famille. Certes, sous le régime actuel, tant par son influence personnelle que par son vote, il cherchera à écarter tout candidat favorable à une solution pouvant lui être aussi funeste. Naturellement, rien n'est plus légitime ; un régime électoral qui enlève à un citoyen cette faculté indispensable est évidemment défectueux, même éventuellement nuisible ; cependant tel est le caractère de l'élection à deux degrés. Avec ce mode, celui qui se trouve dans ce cas ne peut exprimer que ses préférences politiques en choisissant un ou plusieurs délégués qui n'auront en vue que ces dernières, sans tenir aucun compte des préoccupations essentielles auxquelles le votant doit surtout attacher le plus grand prix.

Vouloir dépouiller les citoyens d'un droit aussi important, aussi nécessaire, dont ils jouissent depuis plus d'un demi siècle, est évidemment inadmissible, parce que, dès que la population constaterait le préjudice incontestable dont elle est la victime, une protestation unanime et générale en serait certainement la conséquence.

Il existe ici un point essentiel à prendre en considération : le vote a deux degrés offre-t-il plus de garanties que l'élection directe pour conserver au Sénat son pouvoir modérateur ?

Il peut en être ainsi au point de vue des personnes à choisir comme candidats législatifs, et encore cela est douteux, mais il est évident qu'aucune différence n'existera entre ces deux modes, en cas de lutte politique, surtout si celle-ci est ardente.

Les candidats-électeurs pour le second degré ne seront choisis qu'avec le mandat impératif, qu'ils accepteront, de voter pour la liste des candidats de l'association politique dont ils auront l'appui pour le premier vote. Le résultat de l'élection finale sera par conséquent absolument identique, sous la réserve de la différence du nombre d'électeurs du second degré, représentant proportionnellement ceux du premier degré, qui peut favoriser l'un des partis au détriment de l'autre, question principale à examiner pour ce mode de votation.

Arrivons maintenant au système par lequel l'influence des électeurs est pour ainsi dire entièrement supprimée, tandis qu'elle appartient complètement à un nombre très minime de membres d'un corps constitué, conseil provincial ou communal.

En théorie comme en pratique, un pareil système est contraire au but que poursuit l'élection ; il y a même ici une contradiction manifeste et évidente.

En premier lieu, d'après le texte même de la Constitution, les députés représentent la nation ; logiquement ils doivent être choisis par elle ; il ne peut en être autrement.

Comment un conseil provincial ou communal peut-il être l'organe ou l'interprète de la nation, lorsque la loi elle-même ne leur donne qu'une mission uniquement administrative ? Ou bien l'électeur, en choisissant ces conseillers, doit avoir en vue le but administratif du législateur ainsi que la mission que ce dernier a confiée aux élus, et alors il n'a pas à s'inquiéter du choix personnel que feront ceux-ci quant aux membres du parlement. Ou bien ce dernier point deviendra l'unique but de ses préoccupations, et dans ce cas le conseil provincial ou communal cessera d'être un corps administratif, ainsi que l'exige le principe même de l'organisation générale de la gestion des affaires publiques. Il sera transformé alors en une sorte d'agence électorale, où les manœuvres destinées à assurer le succès des candidatures préoccuperont davantage que le désir d'assurer au pays une bonne administration.

Ce serait là un changement qu'il est certainement bien difficile de trouver avantageux.

Examinons maintenant l'application que ce système a déjà reçue chez nous et celle qui en est faite à l'étranger.

Sous le régime hollandais, de 1815 à 1830, la seconde Chambre des États généraux était élue par les États provinciaux. Pour apprécier cette élection il est nécessaire d'indiquer brièvement quelle était l'organisation de ces derniers.

Les États provinciaux étaient formés de membres élus séparément par trois ordres : le corps équestre, c'est-à-dire la noblesse, l'ordre des villes et celui des campagnes.

La loi fondamentale déterminait d'une manière générale les attributions de ces États. Leur organisation ainsi que les conditions de l'électorat et de l'éligibilité, de même que les règles à suivre et généralement fixées par la loi, étaient abandonnées aux règlements provinciaux, élaborés séparément dans chaque province par la députation des États, votés par ceux-ci, puis approuvés par le roi. Cela eut pour conséquence d'établir entre les provinces une certaine différence quant à ces règlements.

Mais, d'après les termes de l'article 7 de la loi fondamentale, les dispositions de ces règlements relatives au droit de voter et à l'admissibilité dans les administrations provinciales ou locales, en vigueur à l'expiration de la dixième année après la promulgation de la loi fondamentale, au mois d'août 1825 par conséquent, devaient être considérées comme faisant partie de la dite loi.

C'est pourquoi, en 1824 et au commencement de l'année suivante, les règlements furent revisés de manière à les rendre uniformes pour les diverses provinces, à part naturellement ce qui concernait les divisions territoriales et le nombre des élus.

En général, chacun des ordres était représenté par le tiers

des membres des États provinciaux ; cette proportion n'existait pas cependant partout (1).

Les membres de l'ordre équestre étaient nommés par élection directe.

Pour ceux de l'ordre des villes, il y avait élection à trois degrés. Les ayant-droit de voter, devant, dans le Luxembourg, être âgés de 23 ans, avoir leur domicile dans la commune depuis un an au moins, avoir satisfait aux obligations de la milice et payer un cens variant selon la ville de 15 à 7 florins, avaient à élire, par bulletin fait à domicile et qu'un agent communal allait recueillir dans une urne, un nombre d'électeurs égal au double de celui des conseillers. Pour être électeur, il fallait être âgé de 25 ans au moins, avoir le droit de voter dans la ville, y avoir habité trois ans, ou six ans si l'on était né dans le royaume ou naturalisé. Le cens exigé variait de 30 à 13 florins selon la ville. Les électeurs nommaient les conseillers communaux, et ces derniers les membres des États provinciaux.

Pour l'ordre des campagnes, l'élection avait lieu à deux

---

(1) Nombre de conseillers des États provinciaux.

PROVINCES.	TOTAL.	ORDRES.		
		ÉQUESTRE.	VILLES.	CAMPAGNES.
Anvers.	60	15	24	21
Brabant.	81	27	27	27
Flandre occidentale.	83	14	33	36
Flandre orientale.	96	18	33	45
Hainaut.	90	30	30	30
Liège.	63	21	21	21
Limbourg.	60	20	20	20
Luxembourg.	60	20	20	20
Namur.	54	18	18	18

degrés. Dans chacune des circonscriptions formées à cet effet (1) et dont il ne reste aucun vestige depuis 1830, sauf dans le Luxembourg, où elles étaient les mêmes que les arrondissements administratifs, les ayant-droit de voter avaient, de la manière indiquée précédemment, à nommer un nombre d'électeurs, *s'élevant en général à une douzaine,* qui formaient le collège électoral de la circonscription chargé d'élire les

---

(1) La liste des districts électoraux de cette époque et du nombre de membres qu'ils avaient à élire peut encore actuellement présenter de l'intérêt :

Anvers : 7 districts élisant chacun 3 membres : Contich, Schilde, Eeckeren, Herenthals, Gheel, Duffel, Willebroeck.

Brabant : 9 districts élisant 27 membres : Vilvorde 5, Uccle 4, Hal 3, Louvain 3, Tirlemont 2, Diest 3, Nivelles 2, Wavre 2, Jodoigne 3

Flandre occidentale : 12 districts nommant chacun 3 membres : Bruges, Courtrai, Ypres, Furnes, Ostende, Thourout, Thielt, Wackem, Avelghem, Menin, Roulers, Poperinghe.

Flandre orientale : 15 districts nommant chacun 3 membres : Beveren, Alost, Renaix, Cruyshautem, Eecloo, St-Nicolas, Wetteren, Grammont, Deynze, Evergem, Audenarde, Herzele, Termonde, Gand, Waerschoot.

Hainaut : 15 districts nommant chacun 2 membres : Rance, Lobbes, Gilly, Gouy-lez-Piéton, Houdeng-Aimeries, Asquillies, Dour, Lens, Hoves, Papignies, Frasnes, Velaine, Basècles, Taintegnies, Templeuve.

Liège : 21 districts élisant chacun 1 membre : Bodegnée, Héron, Seny, Hannut, Landen, Momale, Waremme, Alleur, Chênée, Herstal, Hollogne-aux-Pierres, Seraing, Battice, Dalhem, Fléron, Aubel, Henri-Chapelle, Soiron, Chevron, Louveigné, Theux.

Limbourg : 20 districts élisant chacun 1 membre : Brusthem, Looz, Herck, Zonhoven, Beeringen, Eysden, Bilsen, Galoppe, Heerlen, Mechelen, Meerssen, Oirsbeek, Fauquemont, Coninxheim, Susteren, Brée, Thorn, Heythuysen, Kessel, Bergen.

Luxembourg : 8 districts élisant 20 membres (les mêmes que les districts administratifs) : Luxembourg 5, Grevenmacher 2, Diekirch 2, Bastogne 2, Marche 1, Neufchâteau 2, Virton 3, Arlon 3

Namur : 18 districts élisant chacun 1 membre : Andennes, Auvelais, Champion, Eghezée, Floreffe, Gembloux, St-Gérard, Wierde, Beauraing, Ciney, Dinant, Gedinne, Havelange, Rochefort, Couvin, Florennes, Philippeville, Walcourt.

membres des États. Pour avoir le droit de voter, il fallait être né dans le royaume ou naturalisé, avoir son domicile dans l'une des communes de la circonscription et avoir habité la province pendant l'année antérieure et six semaines. Pour le Luxembourg, le cens exigé était d'abord dix florins, puis huit à partir de 1825, imposés dans le plat-pays de la province, patentes non comprises. Les conditions précédentes étaient également requises pour l'électorat, sauf que l'âge était 25 ans et le cens 50 florins.

Pour ces derniers, le vote était obligatoire ; quiconque s'abstenait sans motif jugé légitime par les États-députés, devenait inhabile à être nommé électeur pendant les douze années suivantes.

Dans le premier des six volumes d'un ouvrage publié par la Société archéologique du Luxembourg (1), nous avons, sous le titre : *Les Élus du Luxembourg*, réuni dans une étude les minutieux détails concernant la législation électorale appliquée en Belgique depuis 1795. Ces détails complètent le résumé précédent au sujet des différents points qui n'y sont pas mentionnés, particulièrement le mode suivi en ce qui concerne les opérations électorales.

Par les détails qui précèdent, on constate, en faisant une distinction entre les ordres, que les membres de la seconde Chambre des États généraux étaient élus à deux, trois ou même quatre degrés, ce qui existait quant à l'ordre des villes. Il est inutile de démontrer qu'avec un tel système l'influence des électeurs sur la composition de la dite Chambre était pour ainsi dire nulle.

---

(1) *Les communes luxembourgeoises*, par Emile Tandel, commissaire des arrondissements d'Arlon et de Virton.

Aussi n'est-il pas question de ressusciter sous cette forme un pareil système, ce que d'ailleurs ne permettrait pas l'article 6 de la Constitution, qui interdit toute distinction d'ordre.

Mais on veut lui substituer l'un ou l'autre de deux systèmes analogues employés actuellement pour la nomination des sénateurs en France et en Hollande.

Dans le premier de ces pays, l'élection des sénateurs se fait à deux ou plutôt à trois degrés. D'abord les électeurs nomment les membres des conseils municipaux ; en second lieu, lors de l'élection sénatoriale, chacune de ces assemblées nomme comme votants un nombre de délégués proportionné à la population de la commune ; en troisième lieu, ceux-ci se réunissent au chef-lieu du département et procèdent, selon les formes ordinaires, à l'élection du ou des sénateurs de ce département.

Renouvelons à ce sujet des observations précédentes.

La Constitution française contient ici un vice évident qui peut éventuellement être une cause de graves dangers. Qu'arriverait-il en cas de conflit persévérant entre les deux Chambres, élues par des corps électoraux différents, pouvant avoir des idées politiques ou autres entièrement opposées ?

Le Sénat français est indissoluble ; par conséquent pas moyen, avant l'expiration des mandats, de chercher à modifier la composition de cette assemblée. Si ce fait laisse subsister une majorité semblable à la précédente, on ne peut non plus, par la création de nouveaux sièges ou toute autre combinaison semblable, arriver à obtenir d'elle une décision contraire à celle qu'elle a prise.

D'un autre côté, la Chambre des députés peut seule être dissoute, mais les résolutions qu'elle a prises en contradiction avec celles du Sénat peuvent être maintenues par le vote populaire ; il faut alors que l'un des deux corps électoraux s'incline devant l'autre et abdique ses idées.

Cela est-il facile à obtenir ? Pour obvier à une difficulté aussi sérieuse et dont les conséquences sont si graves, rien n'a été prévu ; on s'en remet uniquement au patriotisme des membres des assemblées. Sans doute, une pareille confiance pourra, dans bien des circonstances, produire d'heureux effets, mais en sera-t-il toujours ainsi ? Si la passion avive la lutte et l'envenime, ne peut-on pas craindre un résultat contraire ? Et alors quelle est la solution à redouter ? Un dix-huit brumaire ou un deux décembre !

Certes, telle n'est pas l'éventualité dangereuse que doivent rechercher des constituants.

M. Finet, tout en approuvant ce système, y a apporté, dans sa proposition, un heureux changement, en remplaçant l'intervention des conseils communaux, qu'aucune raison théorique ni pratique ne rend nécessaire, par l'élection pure et simple à deux degrés.

A part les inconvénients de ce mode signalés précédemment, la proposition susdite contient une dérogation vicieuse au mode normalement employé, ce qui la rend difficilement acceptable.

En général, par l'élection à deux degrés, on prend pour base le nombre des inscrits de chaque circonscription, pour en déduire le nombre d'électeurs du second degré à élire : autant pour cent. Ce calcul est simple, uniforme et ne donne pas lieu, sous ce rapport, à l'inégalité suivante.

La proposition susdite prend à cet égard une autre base qui est certainement défectueuse. Elle consiste à donner à chacune des communes un nombre d'électeurs, nommés par scrutin particulier dans chacune, et proportionné, d'après un tableau, au nombre des conseillers communaux de celle-ci.

Un exemple suffira pour démontrer quelles seraient les conséquences qu'aurait la proposition susdite quant à la composition de l'assemblée

Chacune des grandes villes obtient 30 délégués donc 30 électeurs; toute commune rurale de 1000 à 3000 habitants a 2 délégués ou électeurs. Par conséquent, seize de ces petites communes de 1200 habitants auraient 32 délégués, tandis que la grande ville serait moins représentée; ainsi 20,000 ruraux auraient plus d'influence sur le résultat du scrutin que 200,000 citadins! Cela n'est évidemment pas possible.

Quant à la nomination des sénateurs par les conseils provinciaux, selon le mode suivi en Hollande, elle est chez nous absolument impossible au point de vue politique.

Sur les neuf conseils provinciaux belges, il en est six qui sont catholiques et trois appartiennent à l'opinion libérale. En confiant l'élection des sénateurs à ces assemblées, l'un des deux partis aurait certainement et toujours la majorité au Sénat; il ne pourrait en être autrement.

Il existe, il est vrai, une condition à ce changement: l'application de la représentation proportionnelle à la nomination des conseillers provinciaux. Mais en quoi cette réforme modifierait-elle la situation antérieure? Qu'est-ce qui peut faire supposer ou présumer par exemple que la majorité cessera d'être catholique dans les provinces flamandes? Pour adopter le système proposé il faudrait une certitude établissant que la lutte politique pourra continuer au Sénat, entre les deux partis, de même que depuis un demi-siècle; or, à cet égard, il n'existe aucune présomption, pas même le moindre vestige d'apparence constatant que la situation actuelle des conseils provinciaux ne se maintiendrait pas. Cela rend le système nouveau impossible à accepter, si l'on ne veut pas oublier l'une des idées politiques principales de Léopold Ier, qui n'admettait aucune loi pouvant assurer définitivement la suprématie de l'un des deux partis sur l'autre.

Avant de pouvoir examiner les conséquences théoriques et pratiques de ce système, il faut une preuve certaine établissant qu'il n'aura pas pour effet d'amener la solution dont ne voulait à aucun prix notre ancien roi.

4. — Fédéralisme électoral.

Deux grandes catégories divisent théoriquement les systèmes électoraux relatifs à l'intervention de l'électeur et à la nomination des élus. La première est l'individualisme par laquelle chaque électeur constitue l'unité représentative; c'est en tenant compte du vote de chacun que s'établissent les calculs, c'est par conséquent le corps électoral formé dans son ensemble par chacun des électeurs en particulier, qu'il faut chercher à représenter le mieux possible.

La seconde catégorie est le fédéralisme électoral par lequel les électeurs sont divisés en groupes plus ou moins nombreux, ayant en général chacun des intérêts distincts et rivaux à faire prévaloir, et ce sont ces groupes, et non les citoyens qui composent ceux-ci, qu'on cherche à représenter le plus exactement possible. Dans ces conditions, chacun de ces groupes a une situation distincte et indépendante ; il constitue en quelque sorte un État agissant dans son intérêt propre, ce qui fait que la réunion de ces groupes forme une fédération électorale, de même que la réunion d'États ayant des institutions particulières forme une fédération politique.

L'histoire enseigne qu'au point de vue territorial et politique, les peuples préfèrent en général l'unité à la fédération. A moins de circonstances exceptionnelles, historiques ou locales, ils cherchent à constituer une nation unie plutôt qu'une réunion d'États fédérés. S'il en était autrement, l'Europe ne formerait qu'un ensemble de confédérations. On doit donc en conclure que ce principe est peu populaire.

Cependant la fédération territoriale a des limites fixes et immuables, tandis que ce principe en matière électorale ne repose que sur l'arbitraire, ce qui fait qu'ici bien moins encore se rencontrerait la popularité.

Les anciennes corporations ont été abolies par la révolution, qui les a remplacées par la liberté individuelle, laquelle doit également prévaloir en matière électorale, où le citoyen ne peut pas, contre son gré, devoir plutôt s'occuper d'un intérêt que d'un autre, auquel il peut attacher pour lui une plus grande importance.

Le fédéralisme électoral se décompose en une multitude de systèmes, selon la base choisie pour déterminer la division des groupes. Anciennement, lorsqu'il s'agissait uniquement de représenter chacune des classes, ce système était simple et logique, parce que d'après les institutions et les habitudes chacune d'elles formait une catégorie parfaitement distincte de la nation. Ainsi il ne pouvait y avoir ni confusion, ni favoritisme dans cette division.

Aujourd'hui que n'existe plus aucune limite sociale semblable, qui soit naturelle et évidente, on est obligé d'en créer de factices, que chacun arrange à sa guise. Il en résulte que tout partisan de cette théorie a un système à lui, différant des précédents. Sous ce rapport même, il serait sans doute impossible d'en trouver plusieurs qui soient d'accord.

Théoriquement d'abord, on constate la supériorité évidente et incontestable, au point de vue électoral, de l'individualisme sur le fédéralisme, parce qu'avant tout il faut admettre une base juste et uniforme, évitant autant que possible le favoritisme. Or il est certain que l'unité individuelle est à cet égard irréprochable ; c'est elle, en effet, qu'il faut prendre pour base dans presque tous les domaines de la législation ; c'est encore elle dont la révolution du siècle dernier a fait le principe de l'organisation sociale, en créant l'égalité de tous les citoyens devant la loi.

Le fédéralisme, de son côté, ne peut, lui, n'avoir qu'un seul point de départ qui est l'arbitraire et par conséquent l'injustice. La formation des groupes est absolument impossible, même faite par l'homme le plus impartial du monde, sans favoriser les uns au détriment des autres ; on peut porter le défi à qui que ce soit d'entamer ce travail sans devoir arriver certainement à ce résultat évident et inévitable. En aucune circonstance et par nulle combinaison il n'est possible de parvenir à grouper une foule d'éléments divers, différents par leur importance, leur influence, leur force, leur pouvoir, et cela pour ainsi dire dans chaque localité, sans faire naître les abus les plus flagrants, les injustices les plus certaines.

Toutefois ce fédéralisme a, si cela peut s'appeler ainsi, ce grand avantage, et celui-ci est incontestable, de permettre au législateur qui l'établit, d'obtenir le résultat qu'il désire, en lui permettant de fausser selon son gré l'expression de la volonté de la nation. En effet, qu'une infime minorité dépourvue de toute influence réelle soit divisée en deux groupes, que l'immense majorité forme le troisième, en donnant à chacun le même nombre de mandataires, ainsi le verdict national est transfiguré et l'élection produit un parlement dont les décisions seront contraires à celles qu'exprimerait le pays.

Pour constater à quel point cette appréciation est juste, il suffit d'examiner comment le système a été autrefois appliqué, lorsque sous tous les rapports les circonstances étaient plus favorables, puisqu'il ne s'agissait pas alors de l'élection d'assemblées législatives, corps politiques où la lutte des partis a un rôle si important.

Il nous faut d'abord remonter à la plus haute antiquité, car l'inventeur de ce système, Servius Tullius, l'a établi à Rome, il y a environ vingt-cinq siècles !

A cette époque, le peuple romain était divisé en six classes, selon la richesse de chacun. La première comprenait les citoyens payant le cens le plus élevé, la seconde un cens moindre et ainsi de suite jusqu'à la sixième composée uniquement des pauvres ne payant rien. Ces six classes étaient divisées en centuries dont chacune votait séparément ; il y en avait 193, mais elles étaient inégalement partagées entre les classes. Ainsi, la première seule en avait 98, c'est-à-dire plus de la moitié ; la deuxième et les suivantes de 20 à 30 chacune, et la sixième une seule. La première classe votait d'abord, puis les suivantes faisaient de même si cela était nécessaire; mais dès que 97 centuries, une de plus que la moitié, étaient du même avis, décision était définitivement prise et il était superflu de consulter les classes suivantes.

Dans ces conditions, la première classe, si elle était d'accord, avait seule à intervenir ; la deuxième pouvait, mais pas toujours, être appelée à voter ; quant aux dernières, leur droit était pour ainsi dire factice, puisqu'elles ne devaient pour ainsi dire jamais être appelées à en user.

Tel est le premier et le plus ancien exemple du système fédéraliste ; c'est ici la centurie qui forme l'unité sans avoir égard au nombre de citoyens composant chacune d'elles. On constate à quel point il est injuste dans ses effets et en contradiction avec le principe si logique du vote par tête, incontestablement préférable au précédent et qui d'ailleurs a toujours été admis dans toutes les assemblées parlementaires, parce que personne ne saurait en contester la légitimité.

Ce système de Servius Tullius démontre, comme nous l'avons dit, combien il est facile, par le fédéralisme électoral, de favoriser une minorité de la nation de manière à lui faire acquérir le souverain pouvoir.

Examinons maintenant les autres applications qui ont suivi la précédente.

Les partisans du système de la représentation des intérêts, qui est aujourd'hui le mode par lequel on veut faire revivre l'organisation ancienne, invoquent comme précédent ce qui se passait dans les communes belges, il y a plusieurs siècles, lorsque les corps de métiers avaient à intervenir collectivement dans les affaires.

Cela ne présente qu'une bien faible analogie avec l'organisation politique appliquée actuellement aux assemblées législatives, dont les membres doivent individuellement intervenir par la parole ou le vote dans des questions de tous genres intéressant la nation.

Combien peu ressemblaient le rôle et les attributions de ces métiers avec celles que possède le corps électoral appelé à élire les membres du parlement. D'un côté il s'agit d'affaires locales, généralement administratives et concernant une population vivant dans une même localité ; de l'autre, il s'agit de la nation entière et du vaste domaine qu'occupent toutes les affaires qui la concernent et qui s'étendent aux questions les plus graves et les plus sérieuses.

Quand n'existe pour ainsi dire aucune instruction parmi les masses, il est évidemment impossible de consulter chaque électeur individuellement, ce qui aboutirait la plupart du temps à un résultat faux ou négatif, parce que chacun serait incapable, d'après sa propre initiative, de se former une conviction sur des questions qui lui seraient peu ou point connues.

Il est alors nécessaire, afin de porter remède à cette incompétence, d'user du moyen le plus simple pour y parvenir ; il consistait naturellement alors à réunir les gens d'un même métier, qui s'entretenaient des difficultés et cherchaient en commun le moyen de les faire disparaître, tandis que l'initiative individuelle, dans les conditions où se trouvait l'instruction, n'aurait généralement pas pu y parvenir. Les métiers, à cette époque, formaient le lien principal pouvant permettre en dehors de la fantaisie et de l'arbitraire, de grouper administrativement les citoyens. C'était alors le seul mode de consultation des électeurs que rendait possible l'état intellectuel de la population, et pour ces communes, un moyen pratique d'organisation à employer, moyen que rien ne justifierait avec l'organisation politique actuelle.

Avant la révolution du siècle dernier, le fédéralisme avait pour base la représentation des classes ; il y en avait trois : la noblesse, le clergé et le tiers-état. Au point de vue de la division, elle était, comme nous l'avons dit, complètement d'accord avec les usages et les institutions, attendu que chacune des classes constituait un corps distinct de la nation ; la distinction entre elles était non pas le résultat d'une organisation imaginée dans un but administratif ou électoral, mais elle s'imposait alors par la force des choses et il était impossible de s'en écarter sans aboutir à un échec certain. La situation du pays obligeait par conséquent à donner à chaque classe une individualité distincte dans cette organisation, parce que l'égalité individuelle n'existait pas et que rien alors n'eût pu la faire accepter.

Quel fut le fruit de cette organisation par laquelle chacune des classes délibérait ? Elle fut le germe de la grande révolution du siècle dernier en causant le premier conflit entre le roi et le peuple ; ce dernier voulait que les délibérations fussent prises en commun, tandis que le souverain entendait maintenir l'ancien état de choses, et il dut céder.

Comme nous l'avons vu, la loi fondamentale de 1815 fit renaître, quelque peu modifiée, l'organisation que la révolution avait fait disparaître en France en décrétant l'égalité civile et en supprimant ainsi toute distinction de classes. Le troisième ordre était celui des campagnes remplaçant celui du clergé qui disparaissait. Dans chacun, les élections étaient séparées, mais les délibérations étaient communes, conséquence inévitable de ce qui s'était passé en France.

Ainsi que nous l'avons vu (1), la représentation de chacun des ordres était égale dans la plupart des provinces méridionales du royaume des Pays-Bas, et dans celles où cette égalité n'était pas absolument régulière, la différence n'était pas considérable.

Le résultat produit par cette organisation dans des assemblées pour ainsi dire uniquement administratives était loin d'être juste, ainsi que le démontre approximativement le calcul suivant : Sur 1000 votants, 100 étaient représentés par le tiers des membres élus, 400 par un autre tiers, 500 par le troisième tiers. Il en résultait qu'un électeur de l'ordre équestre en valait quatre de celui des villes et cinq de celui des campagnes. Aucune égalité n'existait plus ici ; on constate à sa place le favoritisme et le privilège. Aussi le Congrès, par l'article 6 de la Constitution, a-t-il voulu expressément interdire le retour d'un pareil état de choses, et en le faisant renaître

(1) Voir précédemment la note de la page 46.

sous d'autres dénominations, on violerait certainement l'esprit de la Constitution, tout aussi bien que la volonté manifeste du Congrès.

Une autre forme de la division des électeurs en catégories consiste dans la dualité des collèges électoraux établie à l'effet de donner le double vote à quelques électeurs privilégiés.

La loi française de 1820, dite du double vote, dont l'impopularité fut si grande qu'on l'invoquait encore dix ans après, lors de la révolution, établissait d'abord des collèges d'arrondissement nommant 258 députés et où votaient tous les électeurs; puis ensuite des collèges de département élisant 172 députés, où n'étaient admis que les électeurs payant une contribution élevée.

C'est là encore l'injustice et le favoritisme qui se manifestent à toute évidence ; au lieu de l'égalité entre tous, c'est le privilège qu'on réalise.

Ainsi certains citoyens sont d'abord représentés au même titre que tous les autres, puis en outre ils choisissent, à l'exclusion des autres, des mandataires devant les représenter plus spécialement. On comprend qu'une telle loi a pu être l'une des causes de la révolution de 1830 chez nos voisins.

Comme nous venons de le voir par les exemples précédents, lorsqu'on veut supprimer la justice pour la remplacer par le favoritisme au profit d'un parti, c'est à la division des électeurs en catégories, par conséquent au fédéralisme électoral, qu'on a recours.

Cependant jamais, ni dans les temps anciens ni actuellement, aucun peuple n'a admis, comme base de son organisation parlementaire, le système de la représentation des intérêts qu'on veut inaugurer chez nous. Il en est cependant trois dont la législation électorale contient quelques vestiges du principe de cette organisation, en donnant une représentation particulière à un ou plusieurs intérêts, ou bien en divisant les électeurs en catégories distinctes.

En Angleterre, les universités, en dehors des circonscriptions électorales auxquelles se rattachent tous les autres mandats, élisent des mandataires qui leur appartiennent en propre. Ce privilège en faveur de la science est fort restreint quant à ses effets et n'a pas d'importance au point de vue de la lutte politique à la Chambre des communes. Cette application exceptionnelle ne ressemble donc aucunement au système général de la représentation des intérêts.

Le système anglais a pour base la circonscription territoriale et le scrutin uninominal. Cette dernière question, depuis plus d'un demi-siècle, a fait l'objet de divers débats au parlement belge.

Dès 1838, de nombreuses pétitions, émanant des libéraux, réclamaient l'abolition du cens différentiel et son remplacement par le cens uniforme. Le parti catholique opposa à ce mouvement des pétitions demandant la division du pays en circonscriptions de 40,000 habitants, élisant chacune un représentant. M. Deschamps, au mois de mars, fit un long rapport, souvent cité, au sujet de ces pétitions et conclut à l'ordre du jour.

En 1848, la Chambre ajouta au projet de réforme électorale un article stipulant que le vote aurait lieu au chef-lieu de l'arrondissement administratif, ce qui fit naître une discussion.

La question du scrutin uninominal a fait souvent l'objet des débats parlementaires, notamment à la Chambre les 27 juillet 1842, 9 mars 1847, 23 mars 1866, 3 mai 1877, et au Sénat les 18 mai 1859, 4 mai 1866, 26 mai et 15 novembre 1871, 27 juin 1877, 6 avril 1878, 30 mars 1881 et 4 mai 1882.

Une question se rattachant à la précédente : le vote au chef-lieu de canton ou à la commune, a été discutée à la Chambre les 12 mai 1837, 24 novembre 1843, 3 et 31 mai 1853, 23 janvier, 9 et 10 février 1858, 12, 13 et 15 avril 1859, 26 juillet 1865, 17 mai 1867, 30 mai 1871, et au Sénat les 10 mars 1848, 10 mai 1859 et 27 mai 1867.

En Autriche, le système électoral a un caractère mixte et ressemble à celui qui était en vigueur chez nous pour les États provinciaux sous le régime hollandais. L'empire est divisé en circonscriptions territoriales, mais les électeurs y forment quatre classes différentes, élisant chacune leurs députés. La répartition de ceux-ci est faite séparément dans chaque circonscription ; elle dépend par conséquent de questions locales.

Les quatre classes sont les suivantes : 1° la propriété féodale présentant de l'analogie avec l'ancien ordre équestre ; 2° les villes, marchés et centres industriels, ressemblant à l'ancien ordre des villes ; 3° les chambres de commerce ; 4° les communes rurales, c'est-à-dire l'ancien ordre des campagnes.

Le vote est direct pour les trois premières classes et à deux degrés pour la quatrième.

Ces règles, comme on le voit, ont pour but de favoriser l'ancienne noblesse féodale et de lui donner une influence politique qu'elle ne pourrait acquérir sans ce système qui lui donne à la Chambre une représentation particulière.

Il est possible qu'en raison de faits historiques il ait été jugé nécessaire en Autriche de favoriser à ce point ces familles ; néanmoins, il serait difficile d'admettre théoriquement semblable privilège, attendu que dans ce cas il est toujours facile de trouver un motif quelconque permettant d'avantager l'un des groupes au détriment des autres.

En Prusse, l'élection de la Chambre des députés se fait à

deux degrés par le suffrage universel et la division des électeurs primaires en trois catégories.

Voici comment on procède pour arriver à la division susdite. On forme le total des impôts directs payés dans la circonscription. Supposons qu'il atteigne le chiffre de 30,000 marks ; le tiers de ce chiffre est 10,000 marks. On choisit les électeurs les plus imposés jusqu'à concurrence de cette somme ; ceux-ci forment la première catégorie. Ensuite la deuxième catégorie comprend les électeurs les plus imposés après les premiers, qui ensemble payent de nouveau une somme de 10,000 marks. Enfin la troisième catégorie, payant cette même somme, est composée de tous les autres électeurs moins imposés que les précédents et de ceux qui ne sont pas imposés.

Chaque catégorie d'électeurs primaires nomme un nombre égal d'électeurs du second degré dont le nombre total est calculé à raison d'un par 250 inscrits dans la circonscription. Le vote a lieu de vive voix et commence par la troisième catégorie pour finir par la première

Le résultat de ce système est facile à établir par un exemple. Supposons que la première catégorie comprenne 100 électeurs primaires, la deuxième 1000 et la troisième 10,000, cela fait 44 électeurs du second degré à élire ; mettons 45 pour plus de facilité. Ainsi chacune des catégories en élit 15, et on arrive par là au résultat recherché, consistant en ce que la Chambre ne comprendra pour ainsi dire aucun mandataire des classes populaires ou du socialisme.

Comme on le voit, le système des catégories tend surtout à modifier l'expression de la volonté des électeurs, en donnant à une minorité une influence et peut-être un pouvoir que lui refuserait le corps électoral consulté globalement, c'est-à-dire la nation.

En principe, le but de l'élection consiste à rechercher quelle est la volonté nationale. Du moment où son résultat doit être en contradiction avec cette volonté, il est évident que celui-ci est irrégulier parce qu'il peut faire décider blanc tandis que le corps électoral veut noir. Un système devant avoir pareille conséquence n'est pas acceptable par la généralité.

Quand pour appliquer un système il doit y avoir faveur et privilège, une première question se présente : quel est le groupe ou le parti qui en profitera ? Et c'est là une question principale, attendu que de sa solution, peut dépendre l'avenir du pays. Celle-ci, pour cette cause, est d'une gravité exceptionnelle, puisqu'il s'agit en quelque sorte de donner un tuteur à la nation au lieu de s'inspirer de sa volonté. C'est une minorité quelquefois infime qui peut avoir ce rôle. Il suffit pour cela de donner à un faible groupe d'électeurs un nombre d'élus dépassant de beaucoup sa force numérique, tandis qu'on agit d'une manière opposée pour les autres.

Quels sont les groupes qui, généralement, sont les privilégiés ? Ce sont ceux formant l'élément le plus conservateur. Ce système a donc eu principalement pour but de supprimer, de restreindre ou même d'anéantir l'influence du parti démocratique, et si l'on doit à juste titre manifester son étonnement, c'est bien lorsqu'en Belgique ce parti cherche à introduire chez nous un pareil système qui, d'après les précédents, est celui qui peut lui être le plus préjudiciable.

Mais si ce système semble, par les moyens d'application choisis, devoir être plutôt réactionnaire, ses effets ne peuvent être que nuisibles, quelles que soient ses conséquences politiques.

Lorsque le législateur est obligé d'abandonner les règles de l'impartialité et de la justice, pour les remplacer par l'arbitraire à l'effet de favoriser un groupe ou un parti ; quand ce fait est incontestable et constituerait même souvent le but poursuivi, il en résulte que ceux qui établissent cette organisation se disent qu'en agissant dans des limites restreintes, le but qu'ils veulent atteindre risque fort de ne pas être réalisé ; et alors, préférant à ce doute une certitude, ils abandonneront toute modération. Si même on acceptait le principe avec la conviction que les premiers essais devront être modérés, rien ne prouve que dans l'avenir il n'en sera pas autrement.

Du moment où existe l'injustice, surtout lorsqu'elle se manifeste avec exagération, son résultat inévitable est le mécontentement des masses, et lorsqu'elles constatent qu'elles se heurtent contre une organisation gouvernementale vicieuse, elles ont recours à la violence pour la détruire. Telle est l'origine de la plupart des révolutions.

Le moyen le plus sûr et le plus efficace pour les éviter consiste à tenir compte de la volonté des citoyens formant la nation, et pour connaître celle-ci, rien n'est plus logique, plus juste et plus certain que la liberté complète et absolue de son vote assurée à chaque citoyen par le régime actuel, ayant pour base l'égalité des électeurs.

CHAPITRE IV. — **Représentation des intérêts.**

Le terme *représentation des intérêts*, entendu d'une manière générale, peut s'appliquer à tout système quelconque où existent mandants et mandataires, puisque toujours ces derniers sont réputés représenter les intérêts de ceux qui les élisent.

Ce terme n'a donc généralement qu'une signification vague, parce que rien n'indique ce qu'est un intérêt au point de vue électoral. Cette définition, si ce n'est d'une manière incertaine et indéterminée, n'a pu encore être trouvée ni indiquée. C'est pourquoi, sous ce titre, on peut classer toutes les combinaisons qu'on imagine, même celles laissant sans représentation les trois intérêts les plus importants : l'agriculture, l'industrie et le commerce. Dans ce dernier cas, il s'agit uniquement de rétablir l'ancienne représentation séparée des classes, à laquelle on donne un autre nom.

Toutefois la signification de ce terme est beaucoup plus précise dans le système dont il est ici question. Il s'agit de faire représenter séparément les intérêts des citoyens, but qui doit séduire la généralité, lorsqu'elle se borne à fonder son opinion sur les apparences, sans se rendre compte comment le principe doit être appliqué.

La définition que l'on peut donner à tout projet de représentation des intérêts, de même d'ailleurs qu'à tout système fédéraliste, est celle-ci : c'est un procédé par lequel il est possible de donner légalement dans une assemblée la prépondérance à un parti, à une classe, à une catégorie de citoyens ou à une minorité quelconque de la nation, qui ne pourraient y parvenir, si le corps électoral était consulté régulièrement.

La décision prise par la commission de revision du Sénat démontre comment ce système est apprécié par les hommes compétents. Le 18 octobre, elle a rejeté, par 17 voix contre 2 et 2 abstentions, la proposition d'inscrire dans la Constitution le principe de la représentation des intérêts. C'est là un échec complet, après lequel les rares partisans de cette réforme n'ont plus à songer à l'introduire dans le pays.

S'il existe une impossibilité évidente, incontestable, que personne même ne peut mettre en doute, c'est bien celle qui consiste à faire représenter séparément tous les intérêts et à établir un juste équilibre entre eux. Qu'on examine le nombre

5

d'intérêts qui existent depuis celui de la nation en général jusqu'à ceux de chacun des citoyens en particulier, et l'on arrivera à une immensité incalculable. Les représenter chacun est donc absolument chimérique; une Chambre innombrable même n'y suffirait pas.

Il faut par conséquent commencer par exclure la plupart, pour en choisir un très petit nombre qui deviennent privilégiés. C'est ainsi l'arbitraire qui doit former la base principale et essentielle de ce système.

Ce travail d'élimination a pour guide l'imagination de l'auteur et la fantaisie. Que l'on charge par exemple mille Belges d'élaborer chacun séparément un système, en trouvera-t-on deux qui seront semblables ?

Il s'agit en effet de former d'abord des collèges distincts où tous les intérêts soient compris, et pour cela, dans un même groupe, il y en aura nécessairement qui doivent sur certaines questions être en désaccord, si pas en hostilité. Et dans cette opération, il faudra donner aux uns un rôle principal et aux autres un rôle absolument secondaire, d'où résulte, volontairement ou involontairement, l'injustice inévitable s'ajoutant à l'arbitraire.

En second lieu, il faut déterminer le nombre de mandataires à attribuer à chacun des collèges, c'est-à-dire établir entre les intérêts une juste pondération basée sur une foule d'éléments différents et souvent contradictoires. Cela, exécuté avec justice, est évidemment irréalisable, attendu que l'homme le plus impartial de la terre ne parviendrait pas à éviter le privilège.

Cette affirmation est si peu contestable qu'en supposant une division de ce genre trouvée exacte pour Bruxelles, cette même division appliquée à Anvers deviendrait impossible à admettre. Et cependant il ne peut y avoir une division particulière pour chacune des communes du pays, d'autant plus que la supposition dont il vient d'être question ne semble pas même pouvoir devenir une réalité.

Ici encore l'injustice est impossible à éviter. Si l'on donne à chaque groupe une représentation égale, l'inégalité certaine devant exister entre eux sous bien des rapports, favorise les uns au détriment des autres. Si on leur donne une représentation inégale, c'est la fantaisie et l'arbitraire qui doivent servir de règle à suivre, ce qui évidemment ne peut la rendre juste.

Il est impossible d'établir une pondération exacte entre les divers intérêts, d'où il résulte que tacitement il se forme entre eux deux catégories, l'une comprenant les favorisés, l'autre ceux qui sont pour ainsi dire privés de toute influence, et ces derniers doivent être les plus nombreux.

En troisième lieu, il faut que tout électeur ait sa place dans l'un des collèges pour y exercer son droit, attendu que nul ne peut en être privé. De même aucun ne devrait avoir ou le double ou le triple vote. Comme conséquence, il faut, dans certains groupes, ajouter des électeurs supplémentaires qu'on ne sait où mettre et qui ont de ce chef leur droit politique à peu près confisqué, puisque ces citoyens, souvent en petit nombre, sont réputés appartenir à un intérêt auquel ils ont toujours été entièrement étrangers, et sont de ce chef condamnés dans un collège à n'avoir jamais d'autre rôle que celui d'une minorité impuissante. A l'arbitraire et à l'injustice s'ajoute ici un complet gâchis.

Au point de vue pratique, comme nous venons de le voir, ce système est tellement mauvais qu'en dehors du domaine fantaisiste, il est impossible de parvenir à trouver un moyen de l'appliquer. Voyons s'il vaut mieux au point de vue théorique.

D'après l'article 25 de la Constitution, tous les pouvoirs

émanent de la nation ; d'après l'article 32, les députés représentent la nation. Comme conséquence nécessaire, le parlement représente la nation et doit par ses actes exécuter la volonté nationale.

La volonté de la nation se manifeste par le vote des électeurs ; elle ne peut légalement se faire connaître d'une autre manière. La tâche principale du constituant consiste pour ce motif à rechercher le moyen par lequel le verdict du corps électoral soit le mieux possible l'image de la volonté nationale.

Si, par exemple, le corps électoral d'un pays comprend 100,000 électeurs et que 60,000 se prononcent dans un sens et 40,000 dans un autre, il est évident que c'est la volonté des 60,000 qui doit être considérée comme étant celle de la nation et exécutée pour cette cause. C'est là une solution régulière, mathématique, incontestable ; tout le monde est d'accord à ce sujet et nul ne prétendra qu'il doit en être autrement.

Avec le système de la représentation des intérêts, chaque groupe forme l'unité électorale, sans qu'il soit tenu compte du nombre d'électeurs compris dans chacun, et la répartition des sièges est faite sans autre règle que les convenances ou l'appréciation. Pour nous rapprocher davantage de la théorie par laquelle le groupe forme l'unité, donnons à chacun une influence égale, et comme dans l'exemple précédent, supposons 100,000 électeurs formant trois groupes : le premier, avec 60,000 électeurs, vote dans un sens ; les deux autres, avec 40,000 électeurs, votent dans un sens contraire ; la volonté de ces deux groupes sera réputée être la volonté nationale, et exécutée comme telle.

Ainsi voilà dans deux cas pour ainsi dire identiques, deux solutions complètement opposées. Quelle est celle qui est conforme à la théorie ? Quelle est celle qui est en opposition flagrante avec celle-ci ?

Est-il possible d'admettre théoriquement que le vote de 40,000 citoyens doit être préféré, lorsque 60,000 électeurs ont exprimé une opinion contraire ? Quand, dans une assemblée de 100 membres, 40 votent pour un projet et 60 contre, existe-t-il quelqu'un qui pourrait prétendre que ce projet est adopté ? Évidemment non, parce que ce serait là combattre les règles théoriques toujours admises et toujours suivies, d'après lesquelles la majorité dicte sa volonté à la minorité. Dans ce dernier cas, il n'est pas même possible d'en appliquer une autre.

L'individualisme électoral est un système simple, juste et conforme à tous les principes de la matière. Le fédéralisme au contraire n'est qu'un assemblage de complications destinées à permettre d'obtenir des résultats complètement faux et entièrement inexacts, comme l'indiquent les exemples précédents.

Il s'agit, comme nous l'avons dit, de chercher à rendre la volonté légale de la nation conforme à sa volonté réelle. Or, c'est l'électeur qui a une volonté et non l'intérêt qui n'en a pas ; l'individu doit donc être pris ici en considération ; cela est logique, théoriquement juste.

L'individualisme ne peut être dangereux d'abord à cause de la si longue expérience qui en a été faite et dont nul ne se plaint ; en second lieu, parce qu'il a pour base l'égalité des électeurs, reposant sur le principe appliqué par les institutions modernes.

Tout au contraire, la représentation des intérêts est un système que l'on peut considérer comme pouvant présenter de graves dangers, en ce qu'il sépare chaque intérêt pour en former, seul contre les autres, une unité politique et sociale. A tous moments il doit faire appel à ses propres forces pour les opposer à celles des autres intérêts, avec lesquels la lutte est continuelle. C'est là une source permanente de rivalité, d'antagonisme et même de haine entre des éléments appelés aujourd'hui à se réunir dans un but commun. Ce conflit existant sans cesse, ne dégénérera-t-il pas un jour en hostilités, dont la conséquence serait alors les désastres irréparables de la guerre civile ?

Le domaine parlementaire est excessivement vaste, puisqu'il comprend toutes les matières applicables à la législation, et parmi elles combien en est-il qui ne concernent en rien les uns ou les autres des intérêts représentés ou ne s'y rattachent que d'une manière tout-à-fait accessoire. Cela existe surtout pour la plupart des questions politiques où chaque citoyen a naturellement ses idées particulières. Néanmoins, chaque groupe forme unité comme si tous ceux qui le composent avaient les mêmes idées. Rien n'est certainement plus illogique.

La formation des groupes, pour être conforme au principe du système, ne devrait se faire qu'en composant ceux-ci uniquement de personnes ayant la même opinion, ce qui, pour chaque question, demanderait une formation nouvelle. S'il n'en est pas ainsi, on risque, pour chacune de celles-ci, de fausser l'expression réelle de la volonté du corps électoral ; il ne peut même en être autrement dans la plupart des cas.

Tel est le reproche que l'on adresse à la division du pays en collèges territoriaux ; mais il existe une impossibilité absolue de n'avoir qu'un collège unique pour tout le pays ; de plus, pareille division chez nous est l'effet de circonstances antérieures, où n'a pu intervenir la partialité, et c'est la raison qui lui a donné une aussi longue durée.

Pour arriver, par le système nouveau, à la formation des groupes, tout est sacrifié aux intérêts, aux questions de gain ou de perte à réaliser dans les affaires de chacun ; l'intérêt privé de l'électeur seul doit ici préoccuper le député.

Il est aussi possible de faire triompher la question même la plus impopulaire, dans le collège qui est chargé principalement de cette matière, en y réunissant pour ainsi dire uniquement la minorité, même très faible, qui l'approuve, lorsque d'autres électeurs, répartis dans les groupes qui n'ont pas à s'en occuper, auraient élu non pas des partisans de cette réforme, mais des adversaires de celle-ci.

Il pourra aussi arriver par la division arbitraire des groupes, particulièrement au point de vue politique, que la représentation du pays sera fausse et inexacte, faisant triompher la minorité au préjudice de la majorité.

En supposant même que quelques intérêts puissent avoir avantage à ce système, on ne doit pas sacrifier à leur profit la généralité de toutes les questions soumises au parlement.

Ainsi il est évident qu'en représentant même parfaitement les intérêts, on ne représente nullement la volonté de la nation pour toutes les autres matières ; dans bien des cas même, on faussera celle-ci.

L'accord que l'on doit chercher à établir entre la volonté réelle et la volonté légale n'existera donc pas ici, et de cette contradiction il peut éventuellement résulter de graves dangers.

Ce désaccord n'est-il pas la contre-partie de tout gouvernement constitutionnel ? Ce régime n'est institué qu'à l'effet de donner à la nation le moyen de gouverner le pays selon ses vues, par l'intermédiaire de mandataires qu'elle choisit. Du moment où ce choix ne doit aboutir, pour certaines questions, qu'à faire rejeter les idées de la généralité par les mandataires chargés de les exécuter, ce gouvernement n'est plus du tout conforme au principe d'après lequel il a été établi ; il est même tellement en contradiction avec lui qu'il peut amener des événements les plus graves, même une révolution !

Cette division en groupes n'ayant pour base unique que l'une des nombreuses questions soumises au parlement, est non seulement nuisible parce qu'elle permet, quant aux autres, de fausser l'expression de la volonté nationale, mais elle ne vaut pas mieux en ce qui concerne l'électeur lui-même.

Il n'existe en Belgique aucun citoyen n'ayant à se préoccuper que d'un seul et unique intérêt. Ainsi tout père de famille, qu'il soit agriculteur, industriel ou commerçant, doit attacher beaucoup d'importance à l'enseignement que reçoivent ses enfants. Tout citoyen n'est-il pas intéressé à l'existence d'une bonne administration et particulièrement à l'hygiène en temps d'épidémie ? Tout contribuable ne s'inquiète-t-il pas des questions fiscales ?

Par la division en groupes, chacun de ceux-ci s'occupe particulièrement de certaines questions devenant par ce fait importantes pour ce collège, lors du vote, tandis que les autres sont accessoires. Les citoyens sont parqués dans les groupes sans qu'on leur demande leur consentement ; ils peuvent ainsi se trouver obligés de donner un rôle principal à des questions qui leur sont indifférentes, en négligeant celles auxquelles ils attachent un grand prix et dont s'occupent d'autres groupes. Pourquoi donner à quelques-uns des électeurs une influence prépondérante quant à ces questions et empêcher les autres de pouvoir efficacement intervenir ? Ces derniers plus nombreux pourraient condamner les idées des premiers. Est-il régulier de les empêcher de voter relativement à ce sujet ?

La base de tout bon régime électoral est la plus grande liberté donnée à l'électeur pour faire son choix.

Celui-ci est citoyen du pays et doit légitimement avoir le droit, par son vote, d'exprimer son opinion sur toutes les questions intéressant la nation, dans le sens qui lui convient le mieux, qu'il juge préférable soit à ses idées, soit à ses intérêts. Chacun, à cet égard, doit avoir liberté entière ; c'est là le seul régime conforme à la théorie et à la pratique. Du moment où ce citoyen est arbitrairement condamné à devoir s'abstenir sur certaines questions déterminées, tandis qu'il ne peut utilement se prononcer que sur un petit nombre d'autres également fixées, il est clair que la liberté de cet électeur est confisquée ou tout au moins restreinte dans des proportions inadmissibles. La loi qui appliquerait un tel système serait immédiatement appelée loi réactionnaire, car chacun sait que tel est le nom que donne la population à toute loi qui restreint ou supprime la liberté de l'électeur.

Et cette division d'intérêts, à quoi correspond-elle dans le domaine politique ? Absolument à rien du tout ; elle ne peut évidemment que produire des effets nuisibles, en y faisant intervenir des questions d'intérêts particuliers se substituant à l'intérêt général.

Ce système, comme nous l'avons déjà démontré, ne peut non plus être la représentation de la nation, puisqu'il est incontestablement et absolument impossible de donner à chaque intérêt une représentation conforme à sa force électorale, en prenant pour point de comparaison tous les autres intérêts devant être également représentés.

En supposant même qu'il soit possible d'atteindre ce résultat — et l'on peut défier avec certitude quiconque de le réaliser, — quelle en serait la conséquence ? Sans doute, si les Chambres n'avaient à s'occuper uniquement que de questions agricoles, commerciales ou industrielles, on pourrait croire que tout au moins ce système présente quelques avantages, mais il n'existe encore aucun parlement de ce genre.

S'il est surtout un texte légal et juridique qui doit attirer l'attention du législateur et être fréquemment appliqué par lui, c'est bien le titre II de la Constitution, intitulé : *Des Belges et de leurs droits*. Au lieu de confier cette mission à des jurisconsultes, est-il préférable de la donner à des agriculteurs et à des commerçants ? Ce changement pourrait difficilement être considéré comme désirable.

Les vices de la représentation des intérêts sont tellement nombreux qu'il faut, pour les mentionner, aborder une foule de sujets différents. Parmi ces vices, l'on ne peut cependant oublier l'un des plus caractéristiques.

Il est un principe juridique, universellement admis, d'après lequel nul ne peut être juge et partie. Quelle garantie offrirait la justice s'il en était autrement ?

En matière administrative, ce principe est également reconnu et établi par la loi provinciale et la loi communale : celui qui est intéressé dans une affaire ne peut pas prendre part au vote relatif à celle-ci. Personne n'a jamais contesté la justice d'une pareille règle.

Celui qui juge ou celui qui décide doit avant tout être impartial, pouvoir librement user de son libre-arbitre, afin d'apprécier quelle est la solution la plus juste. Quand il en est autrement, on peut être consulté, mais il est interdit de décider.

Jamais, sans doute, aucun juriste n'a eu l'idée originale de former le tribunal des avocats de toutes les parties qui prennent part à un procès.

Tel est cependant le but extraordinaire du système nouveau, devant transformer les députés en avocats obligés de plaider la cause de l'un ou l'autre des intérêts, puis ensuite de voter en faveur de cette cause quelqu'elle soit.

Sous le régime actuel, tous les députés représentent l'unique intérêt national et sont nommés par des électeurs ; ils représentent chacun les différents intérêts individuels, et collectivement la réunion de ceux-ci, c'est-à-dire un ensemble les comprenant tous.

Comme conséquence de ce fait, le député peut réunir toutes les garanties exigées du juge ; il doit apprécier par lui-même, avec impartialité et sans le moindre intérêt personnel ou électoral, quelle est la solution la plus juste, quels sont de ses mandants ceux qui ont tort et ceux qui ont raison. La garantie si nécessaire de l'impartialité de celui qui juge ou décide est assurée d'une manière complète ; théoriquement, celle-ci ne peut être plus absolue.

Néanmoins, on cherche à la faire disparaître complètement pour y substituer le principe opposé : la partialité de celui qui décide.

Il serait difficile de trouver un mode devant blesser davantage le sentiment instinctif de justice qui anime toujours l'opinion publique.

Le député ne serait plus nommé que par une catégorie d'électeurs séparés de tous les autres et composée uniquement de citoyens unis par une seule question : un intérêt, autant que possible le même pour tous. Il en résulte que la mission de l'élu consiste à soutenir cet intérêt spécial, à voter pour tout ce qui peut lui être avantageux, à repousser tout ce qui lui est préjudiciable, et cela sans avoir à tenir compte de l'intérêt national subordonné au précédent, ni surtout de tous les autres intérêts avec lesquels le député n'a absolument rien de commun. Toute question qui ne touche pas cet intérêt est étrangère à son mandat ; il n'a pas à s'en inquiéter ; c'est pour lui comme s'il s'agissait d'une loi applicable dans l'empire de la Chine.

Les Chambres auront bientôt à s'occuper du travail législatif et juridique le plus important qu'on puisse leur confier : la revision du code civil. C'est là, au point de vue des intérêts de la population, une tâche d'une gravité exceptionnelle, puisque les dispositions adoptées exerceront quotidiennement leurs effets sur les relations des citoyens. Il importe par conséquent que la discussion relative à ce code, d'un intérêt national si considérable, soit entreprise dans les meilleures conditions possibles.

Les qualités à souhaiter pour celle-ci aux membres de la législature sont la science, la compétence juridique et l'impartialité. Il faut en effet, dans ces dispositions, avoir en vue la justice, sans jamais vouloir favoriser un intérêt au détriment de ce principe.

Lorsque les députés sont élus par la généralité des électeurs, chacun doit avoir naturellement l'impartialité pour mission, puisque, dans la mesure du possible, tous les intérêts sont représentés chez ceux qui l'ont élu et qu'ainsi il a tout avantage à préférer le droit au favoritisme, dont certains d'entre eux pâtiraient.

Quel serait le résultat de cette revision faite par une Chambre où chaque député est le mandataire d'un intérêt ? Elle serait votée dans des conditions tellement mauvaises qu'il serait préférable qu'elle fût abandonnée.

Par cette organisation, la partialité deviendrait nécessairement ici la base des décisions. Chaque groupe de députés, ayant mission de représenter un intérêt et de lui procurer par conséquent le plus d'avantages possible, devra avant tout songer à ces considérations. Que se passerait-il alors ? Toute disposition ou amendement devant favoriser un intérêt, même peu justement, serait soutenu avec vigueur par un certain nombre de députés, et comme chaque groupe aurait son tour pour agir de cette manière, il y aurait entre les collègues un échange de bons procédés, et l'on arriverait à faire du code civil une œuvre nouvelle, créant des privilèges dans une foule de cas particuliers, au détriment de la généralité de la population et des nombreux intérêts non représentés.

Voilà une preuve évidente et incontestable que la législature doit avoir en vue l'intérêt national ou général, tandis qu'il est nuisible au plus haut degré de la rendre partiale au profit de quelques intérêts favorisés par la répartition des sièges parlementaires. Préférer l'intérêt particulier à l'intérêt national est donc non seulement un défaut, mais un vice rédhibitoire.

Pour ne pas admettre ce vice si évident, conserver à la Chambre le caractère impartial qui lui est indispensable et donner satisfaction aux différents intérêts dans une juste mesure, il suffit de créer pour chacun d'eux un conseil consultatif composé des hommes les plus compétents, auquel seraient soumises les diverses affaires qui le concernent. Il aurait à délibérer, à émettre un avis motivé, et toutes les pièces seraient soumises aux membres des Chambres qui, à leur tour, pourraient examiner celles-ci en les appréciant d'une manière aussi complète que si les mandataires mêmes de cet intérêt siégeaient dans l'assemblée, tout en conservant dans son entièreté cette précieuse garantie que doit posséder tout tribunal : l'impartialité.

Si, tout au contraire, de ces corps consultatifs on fait des collèges électoraux ayant également à délibérer préalablement sur chaque question, puis ensuite à élire des mandataires pour les représenter à la Chambre, ces conseils deviendraient des petits parlements devant, au moyen de la loi, usurper plus ou moins un pouvoir constitutionnel ; de plus, ces élus, nommés après un vote sur diverses questions, recevraient évidemment un mandat impératif, perdraient ainsi toute liberté personnelle d'appréciation, car chacun, après avoir repoussé à la Chambre une disposition approuvée officiellement par ses électeurs, serait moralement obligé de donner sa démission, car il aurait la certitude de ne pas être réélu lors du renouvellement de son mandat.

Les députés, au lieu de chercher à développer la prospérité générale, n'auraient d'autre mission que celle de veiller aux intérêts de leurs mandants ; ce serait là leur seul devoir, leur seule tâche et rien de commun n'existerait plus entre eux et le restant de la population. Leur rôle comme législateurs se bornerait à soigner un intérêt, à s'occuper de lui, à procurer à leurs électeurs le plus large bénéfice possible. C'est l'esprit de lucre qui doit ainsi remplacer le sentiment national et habituer par là le législateur à mettre au-dessus de tout les questions d'argent. Et quand cette habitude sera prise, quand l'intérêt particulier deviendra la principale préoccupation de tous, quand la responsabilité personnelle des députés aura pour limite cet intérêt, ne s'expose-t-on pas dans l'avenir à voir ceux-ci songer à ce vieux proverbe : charité bien ordonnée commence par soi, ce qui les amènerait à soigner surtout leur intérêt personnel, danger le plus grave qui puisse sous tous les rapports menacer une assemblée parlementaire.

Il deviendrait en effet bientôt facile de supprimer la faible différence qui existe entre les intérêts particuliers d'un groupe plus ou moins nombreux de citoyens, et l'intérêt particulier du député qui fait partie de ce groupe dont il est le mandataire.

Cette organisation défectueuse à tous égards donne-t-elle au moins la garantie aux différents intérêts particuliers que leur situation sera meilleure que sous le régime actuel ? Cette garantie, on la chercherait vainement.

Aujourd'hui, dans la mesure du possible, l'égalité existe théoriquement entre les intérêts particuliers devant la représentation nationale ; il n'y a pour eux, quant à la répartition des mandats de députés, ni favorisés, ni privilégiés, ni sacrifiés, ni exclus ; la seule différence qui puisse se manifester provient de la volonté exprimée par les électeurs, formant naturellement la conséquence nécessaire de tout vote. Dans ces conditions, les différents intérêts, lorsqu'ils sont en conflit, sont obligés d'invoquer la justice de leur cause, que les députés doivent apprécier avec impartialité et en toute liberté.

Du moment où cette égalité entre les intérêts est supprimée pour faire place à une classification ne pouvant être qu'arbitraire, cette base est défectueuse au point de vue de la justice, parce que l'intérêt favorisé par la répartition des mandats aura, dans toute affaire, une supériorité sur l'autre, pouvant être injuste.

Comme nous l'avons déjà dit, le député dans ce cas n'est plus le juge impartial, mais l'avocat devant soutenir ses clients, et au vote, c'est par le nombre d'avocats de chacune des parties que l'une ou l'autre de celles-ci triomphera, en dehors de toute question d'égalité ou de justice.

Au point de vue particulier des métiers, lorsqu'il y a lutte d'intérêts entre eux, leur position est pire par la représentation des intérêts que sous le régime actuel. Supposons, par exemple, qu'une disposition légale doive favoriser soit les boulangers, soit les pâtissiers, et inversement causer du préjudice aux uns ou aux autres. Aujourd'hui, tous les députés ont parmi leurs électeurs des personnes appartenant à ces professions, par conséquent chacun devra examiner la question et tâcher de trouver la solution la plus impartiale, ne devant pas léser injustement une partie des électeurs.

Le système nouveau modifierait cette situation d'une manière désavantageuse. Ces deux métiers ont les mêmes mandataires, ce qui n'établit pour eux aucune amélioration. Mais une grande différence se manifeste lorsqu'on examine quelle est la composition générale de l'assemblée. Elle comprend au moins les quatre cinquièmes des députés qui n'ont pas mission de s'occuper de cette affaire à laquelle ils sont étrangers et complètement indifférents. Peu leur importe la solution qui sera adoptée, elle est pour eux futile ; ils ne s'en inquiéteront peut-être pas. A coup sûr, pour aucun des intéressés, un résultat pareil n'est désirable.

Si, maintenant, on considère la situation faite par ce système aux intérêts considérés au point de vue général, doit-on se féliciter du changement qui résulterait de l'application de celui-ci ?

Ainsi que nous l'avons déjà dit, substituer le mercantilisme et la pièce de cent sous à l'esprit national n'a jamais été profitable à un pays.

Établir constamment, en l'étendant éventuellement aux plus minimes questions, la rivalité entre les divers intérêts de manière à les amener sans cesse à lutter les uns contre les autres, aura pour conséquence présumable que toute disposition pouvant être favorable à l'un d'eux, sera rejetée par les autres, si elle peut leur causer le moindre désavantage ou la plus petite perte.

Pourquoi d'ailleurs chercher comme base de l'organisation gouvernementale plutôt la rivalité des intérêts que leur union ?

Le péril social de l'avenir, c'est la lutte entre le capital et le travail ; c'est à apaiser celle-ci que doivent tendre les efforts du législateur.

Si dans une assemblée on met sans cesse ces deux intérêts

en présence, de manière à ce qu'ils luttent même au sujet de questions de tout autre domaine, ne serait-ce pas là un germe d'excitation pouvant nous conduire rapidement à la guerre civile ?

Parmi les systèmes indûment appelés représentation des intérêts, lorsqu'ils ne représentent particulièrement aucun de ceux-ci, mais plus réellement des classes de la nation, il en est un dont le but consiste uniquement à mettre en présence le capital et le travail, pour en faire les deux grands partis d'une assemblée, la droite et la gauche.

Cela ressemble assez à la conduite qu'aurait le commandant d'un navire de guerre qui, redoutant une explosion, irait allumer son cigare dans la soute aux poudres.

Afin de rétablir l'ancienne trinité, base du système fédéraliste du siècle dernier, on crée fictivement une troisième classe, ordre ou intérêt, comme on voudra l'appeler, et on baptise cela d'un nom quelconque, destiné, sur le papier, à pouvoir représenter quelque chose.

Seulement, il est une règle à laquelle des exceptions sont bien difficiles à trouver, et d'après celle-ci ce n'est pas la loi, mais bien les idées générales qui créent les partis. On aura beau décider que telle ou telle catégorie de la nation, divisée elle-même par ses opinions, formera le centre de l'assemblée, l'expérience indique que, dans la plupart des cas, une telle prescription restera vaine.

Quel serait alors le résultat produit ? Ce parti factice, n'ayant aucune racine dans le pays, se divisera lui-même ; les uns, parmi les élus, iront siéger à droite, les autres à gauche, et ainsi sans cesse le capital et le travail seront en lutte, laquelle s'étendra bientôt aux questions les plus infimes soumises à l'assemblée.

Et comme conséquence de cette lutte perpétuelle, ne faut-il pas craindre soit en cas de succès de cette gauche, des revendications exagérées; soit en cas de défaite, des désordres et des émeutes ?

De tous les systèmes possibles, c'est celui-là certainement le plus dangereux, celui qui exposerait continuellement la nation aux plus grands périls.

Il n'est du reste qu'un souvenir du temps passé, dont le but actuel consiste à ériger le prolétariat en ordre politique. On veut lui donner une force puissante au parlement, lui permettant de dicter ses volontés et de se faire obéir avec l'appui des masses populaires. Cela est-il prudent ?

Avant 1789, le tiers-état n'était pour ainsi dire rien du tout ; c'est à peine si l'on en parlait. Appelé comme ordre à siéger dans l'assemblée, il y a dicté ses volontés, on a dû lui obéir, et en peu de temps il parvenait à faire disparaître complètement des institutions datant de plusieurs siècles.

Si, d'après le système en question, différents intérêts principaux forment chacun soit isolément, soit collectivement avec d'autres, des groupes représentés par un nombre inégal de députés, cette lutte permanente n'a pas lieu à armes égales. Non seulement il y a des privilégiés, mais il y en a d'autres qui sont complètement sacrifiés, ne pouvant avoir dans un groupe qu'une situation tout-à-fait secondaire qui leur enlève toute influence sur le résultat du scrutin et les prive ainsi de mandataires à la Chambre : ce sont là les exclus.

Il y a donc inégalité complète entre les intérêts luttant les uns contre les autres.

Il ne peut en être autrement quand la base d'un système doit forcément être l'arbitraire, lorsqu'il s'agit de la répartition des sièges de députés.

Déjà, pour former les catégories, il faut ne choisir que les intérêts principaux, parce qu'on ne peut les représenter tous. On arrive ainsi indirectement à organiser la représentation des classes et la lutte entre elles, tandis que l'histoire enseigne à quel point ces luttes sont nuisibles et dangereuses.

C'est surtout pour chacune des catégories que devient difficile cette répartition des mandats à laquelle il faut trouver une base autre que celle du bon plaisir.

Supposons, pour rendre cet exemple plus facile, qu'il s'agisse d'établir des catégories entre des établissements industriels, afin de déterminer le nombre de mandataires que chacune doit avoir. C'est au point de vue de leur importance qu'il faut les classer, et le choix entre les bases d'appréciation, pour parvenir à un résultat, est vaste. On peut avoir égard au nombre d'ouvriers, à la quantité des produits, à l'espèce d'industrie, aux bénéfices réalisés et à une foule d'autres choses qui naturellement établiront chacune un classement différent, tandis qu'elles n'ont en réalité aucun rapport avec l'élection elle-même, dont le but consiste à connaître la volonté de la nation, c'est-à-dire ce que veut la majorité de celle-ci.

Ce choix a cet inconvénient, ou cet avantage si l'on veut, de permettre au législateur de falsifier l'expression de la volonté populaire, de façon qu'il soit facile d'arriver à obtenir une Chambre dont la majorité sera l'image de la volonté de celui qui a combiné la loi, plutôt que de celle de la nation.

L'adoption d'un système semblable laisserait toujours ouverte cette faculté. Espérons qu'on n'en userait pas ; néanmoins cela est difficile.

Du moment où il est reconnu et établi qu'il doit nécessairement y avoir des privilégiés, et cela est incontestable ici, il est évident qu'un parti ne cherchera pas à en faire profiter ses adversaires politiques. Pour éviter même cette éventualité, il devra s'attribuer à lui ces avantages dans des proportions peut-être considérables. Le résultat politique du scrutin sera ainsi plus ou moins dénaturé, et l'on arrivera à ce qu'un ministère parvienne à se consolider au pouvoir non par ses actes, mais par des manipulations de la loi électorale, éventualité que ne doit pas souhaiter tout partisan du régime parlementaire.

Donner continuellement cette faculté à la majorité des Chambres et renouveler chez nous ces manipulations de la législation électorale, si fréquentes en France avant 1830, ne paraît nullement désirable.

Il est de principe qu'on ne doit jamais donner au législateur le moyen, facile ici, de fausser la volonté populaire.

Le résultat évident de tout système ayant pour base une division de groupes fondée uniquement sur l'arbitraire, de même que la répartition des mandats entre ceux-ci, du moment où, en cherchant à être impartial, l'on ne favorise pas positivement l'un des groupes, sera de les mécontenter tous, chacun devant naturellement se plaindre de ce que sa part est trop minime en comparaison de celle des autres.

Pendant longtemps il n'existait que des idées vagues au sujet de l'application du système de la représentation des intérêts. Récemment M. Guillaume De Greef a fait paraître une étude approfondie dans laquelle il expose dans ses détails un système à appliquer.

L'auteur montre un grand enthousiasme pour le principe qu'il soutient, il va même jusqu'à dire (page 33) que « le suffrage universel et la représentation des intérêts sont l'œuvre dont la réalisation a été la pensée constante de l'humanité ; au milieu de tous ses désastres, de ses regressions douloureuses, jamais elle n'en a abandonné la poursuite ; ils sont la loi même de l'ordre et du progrès politique. »

Sans doute, l'histoire mentionne des manifestations des peuples en faveur du suffrage universel, attendu qu'il est naturel de la part de ceux qui ne possèdent pas le droit de vote, de chercher à l'obtenir. Mais pour trouver des manifestations populaires en faveur de la représentation des intérêts, entièrement inconnue de la généralité, on se demande chez quel peuple il faudrait les chercher ?

Il est difficile de comprendre comment l'humanité, n'ayant jamais abandonné la poursuite de la réalisation de la représentation des intérêts, aurait toujours vainement cherché une règle d'application de ce système sur laquelle on se soit mis d'accord. Comment l'humanité aurait-elle pu faire de ce système sa pensée constante, sans jamais avoir pu seulement parvenir à le réaliser même théoriquement ? Cela semblerait tout au moins extraordinaire, si l'affirmation précitée pouvait être exacte.

D'abord ce système n'a jamais été appliqué nulle part, tel qu'il est conçu aujourd'hui. Les quelques écrivains qui en sont les partisans ont imaginé chacun des combinaisons tout-à-fait différentes ; il s'agit par conséquent d'un système embryonnaire, que jamais un peuple n'a pu réclamer, parce qu'il ne reposait sur aucune base certaine et que jamais personne n'a pu en faire l'expérience.

Sans doute, il n'en est pas ainsi du fédéralisme électoral s'appliquant soit aux ordres, soit aux classes, soit aux catégories de contribuables, mais non spécialement aux intérêts dont il est question aujourd'hui. Et ce fédéralisme, le peuple n'en a-t-il jamais abandonné la poursuite ? La révolution de 1789 l'a supprimé et condamné ; la révolution de 1830 en France, a-t-elle maintenu la loi sur le double vote ? Et la révolution de cette même année en Belgique n'a-t-elle pas fait disparaître la division électorale en trois ordres ? Le Congrès a été unanime pour condamner et abroger semblable organisation. Ses idées étaient tellement précises à cet égard que dans la Constitution même il a inséré l'article 6 interdisant toute tentative de faire renaître l'ancien état de choses. Vouloir, avec d'autres termes, en revenir sous ce rapport aux temps passés serait donc violer d'une façon manifeste la volonté exprimée unanimement par le Congrès.

Tout ce qui s'est passé dans cette assemblée démontre de la façon la plus positive que sa volonté a été de mettre obstacle à ce que le pays soit divisé en plusieurs castes, classes ou catégories de citoyens, opposées les unes aux autres. La proscription de ces rivalités, l'égalité de tous quant au vote, tel a été le but poursuivi et réalisé.

On connaît des révolutions dont le résultat a été de détruire le fédéralisme électoral, mais on n'en connaît aucune dont le but ait été de l'introduire parmi les institutions. Il a été abandonné pour ainsi dire partout, même par la Hollande qui l'avait rétabli chez nous de 1815 à 1830 ; par conséquent sa véritable place aujourd'hui est plutôt dans un musée d'antiquités romaines.

Jusqu'à présent, avec infiniment de raison, on était généralement convaincu que le système de la représentation des intérêts est absolument impraticable. M. De Greef a cherché à démontrer le contraire en exposant un système qui touche à tout, bouleverse tout et ferait de la législation électorale une vaste encyclopédie juridique.

Aujourd'hui déjà bien des gens reprochent à la législation en vigueur d'être trop compliquée, parce qu'elle renferme des dispositions purement fiscales et d'autres concernant les tribunaux de commerce et les conseils de prud'hommes, lesquelles seraient beaucoup mieux placées dans les lois relatives à ces matières spéciales.

Qu'est-ce cela cependant en comparaison de ce qui est proposé dans le but d'organiser des conseils, des commissions, des comités, des académies, comme rouages électoraux? Il faudrait pour être complet donner au code électoral une longueur égale à celle du code civil, et pour discuter et adopter une législation pareille, un parlement même zélé y mettrait au moins dix ans.

Car, outre les questions précédemment discutées en Belgique, d'autres sont ajoutées qui souleveraient sans doute de longs débats, notamment la personnification civile accordée aux universités et aux académies. Notre histoire parlementaire ne permet pas d'oublier quel effet a produit la proposition Brabant-Dubus de 1841, et il est peu probable qu'on laisserait aujourd'hui passer une proposition semblable sans la discuter longuement.

D'autres questions encore souleveraient certainement des débats, notamment l'âge de l'électorat fixé à 18 ans et le droit de suffrage accordé aux femmes.

Il s'agit, comme on le voit, de bouleverser tout ce qui existe. Cela est-il pratique?

Si l'on en croit la *Réforme*, qui l'affirme fréquemment, le but de ce système consiste à organiser le suffrage universel, de manière à faire disparaître les craintes que cette dernière réforme peut inspirer aux esprits conservateurs.

Il serait fort difficile d'apprécier comment ce système atteindrait un tel résultat, attendu que son organisation a évidemment pour but d'assurer dans la Chambre la prépondérance non seulement de la démocratie, mais aussi du parti ouvrier.

Six intérêts seulement sont représentés, trois appartenant à l'ordre matériel et trois à l'ordre moral.

Ces trois derniers sont principalement composés d'hommes qui, par leur science ou leurs études, doivent plutôt se montrer attachés aux institutions que l'expérience a permis d'apprécier, qu'à celles qui jamais n'ont été appliquées nulle part et dont l'essai peut, pour cette cause, présenter des dangers. Ces trois groupes ont 128 mandataires, tandis que les trois autres, où sont concentrées les forces démocratiques, en ont 168, c'est-à-dire 40 de plus.

Dans les trois premiers est établie la lutte de classes, de manière à y donner toujours la prépondérance à l'élément le plus démocratique concentré dans ceux-ci et luttant contre une fraction minime de l'élément modéré, ce qui permet d'annihiler celle-ci en la privant du concours de ceux qui sont classés dans les autres groupes.

Par la division des mandataires en plusieurs classes, élues par l'ensemble des électeurs, c'est évidemment la classe la plus nombreuse qui élirait tous les députés du collège, la représentation proportionnelle étant inconciliable avec ce genre de vote, comme nous le démontrerons plus loin.

Dans son n° du 17 octobre dernier, la *Réforme* établit que la représentation des intérêts « assurerait aux ouvriers une « représentation bien plus large dans la législature. Elle ne « serait peut-être pas toujours socialiste, mais le fait que les « ouvriers agricoles, les ouvriers industriels, les autres sala- « riés seraient groupés, appelés à délibérer entre eux, à « formuler leurs revendications, les rendraient rapidement « « conscients de leurs intérêts de classe » comme disent les « marxistes, les amènerait à préciser leurs revendications et « à ne formuler que des propositions capables de supporter « une discussion approfondie avec les autres intérêts. »

Cette dernière affirmation est loin d'être démontrée ; ce

n'est pas sans doute par la modération qu'un parti ainsi organisé chercherait à agir.

Quoiqu'il en soit, il est clair que M. De Greef n'a rien négligé pour réaliser complètement le programme ci-dessus indiqué, donnant aux idées avancées la représentation la plus large possible dans la législature, puisqu'il va même, chose inouïe, jusqu'à vouloir réserver légalement et obligatoirement quinze sièges de sénateurs belges aux vachers et aux porchers ! ! !

L'effet est donc évident, indéniable ; il s'agit de satisfaire ceux qui craignent le suffrage universel, et on organise celui-ci de manière à rendre plus certain le résultat redouté !

Former un Sénat composé de 296 membres, tandis que la Chambre n'en a que 152, un peu plus de la moitié, n'est ni acceptable, ni réalisable. Pourquoi quadrupler le nombre des sénateurs ? Existe-t-il une raison quelconque justifiant ce changement ? Serait-ce pour tenter de donner à la Chambre des représentants un rôle secondaire, que celle-ci n'accepterait certainement pas.

Il est vrai que M. De Greef désire la suppression du Sénat, mais il admet néanmoins l'existence de deux Chambres, en appliquant la division qu'il propose à l'une d'elles.

Voici, par conséquent, comment il voudrait répartir les mandats de sénateurs :

Agriculture	60
Industrie	54
Commerce	54
Art	40
Science	46
Droit	42
	296

Pourquoi ces chiffres énormes, en dehors de toute proportion avec celui des membres de la Chambre des représentants ? Ce n'est évidemment pas pour représenter tous les intérêts puisque six seulement, sur la masse considérable d'entre eux, sont favorisés, tandis que tous les autres sont placés dans une situation d'infériorité complètement injuste.

On affirme, il est vrai, qu'en représentant uniquement un petit nombre d'intérêts, réputés collectifs ou généraux, tous les autres, par ce fait, sont aussi représentés. Cela d'abord n'est pas exact, en premier lieu parce qu'il y a inégalité entre eux, comme par exemple ici entre l'enseignement, subdivision de la catégorie de la science, et le droit, formant seul une catégorie distincte ; en second lieu, parce qu'il existe certains intérêts qu'on ne sait où mettre et qu'on classe arbitrairement, comme appoint, dans l'une ou l'autre catégorie, ici dans celle du commerce : enfin, parce que pour les intérêts réellement secondaires ou privés, la situation est semblable à celle d'aujourd'hui, quant à la communauté des mandataires. Au point de vue de la représentation collective, le résultat du régime actuel par lequel les députés représentent tous l'intérêt national, comprenant naturellement tous les intérêts particuliers et collectifs, et cela sans privilège pour aucun, sans avantage ou préjudice pour d'autres, est bien préférable à une situation où l'inégalité se constate partout.

La division des groupes ci-dessus indiquée est essentiellement fantaisiste ; chacun des auteurs qui a traité ce sujet a la sienne ; l'imagination fait naître une foule de combinaisons diverses où n'existe qu'un seul élément qui se rencontre partout : l'arbitraire.

Quelle est la règle sur laquelle doit se baser chacune des combinaisons pour établir un juste équilibre, une représentation équitable ? Il n'en existe aucune ; chacun peut choisir au gré de ses désirs celle qui lui convient le mieux et en déduire les conséquences qu'il préfère. Il est même une méthode beaucoup plus simple et plus commode : elle consiste à rechercher en premier lieu le résultat que l'on veut obtenir, puis ensuite à en déduire les règles qui lui sont favorables.

La partialité la plus grande, facile à réaliser, constitue ainsi le caractère principal de ce système et tout le monde doit être d'accord pour reconnaître que c'est là le vice le plus pernicieux de toute législation électorale. Le but que toujours une assemblée parlementaire doit poursuivre est de ne rien négliger pour empêcher que cette partialité puisse se réaliser ; il est donc impossible d'appliquer un système qui en rende l'application aussi simple et peut-être aussi fréquente.

Telle est la critique très juste qui a été faite au sujet des modifications à introduire dans les circonscriptions territoriales du pays ; c'est pourquoi on n'a fait encore aucun essai pour modifier l'ancien état de choses, bien que cela soit désiré par bien des législateurs.

Cet état de choses n'a pu être conçu dans un but partial au point de vue politique, et c'est ce mérite qui empêche de le modifier. Les circonscriptions électorales actuelles ont été établies de 1818 à 1822, par les règlements du plat-pays de chacune des provinces, et n'avaient qu'un but exclusivement administratif, sauf dans le Luxembourg, où l'arrêté royal du 5 octobre 1823 établit une identité complète entre les circonscriptions électorales et celles concernant l'administration, nommées là *quartiers* et ayant chacune à leur tête un fonctionnaire appelé *prévôt*. A cette époque, tout au moins dans les huit autres provinces, il ne pouvait entrer dans l'idée de personne que cette division territoriale, devant servir à l'administration, pourrait ou devrait avoir une influence politique ; il ne fut possible à celle-ci de prendre naissance qu'après la révolution et par l'arrêté du gouvernement provisoire du 10 octobre 1830, établissant les règles à suivre pour l'élection des membres du Congrès.

Cela démontre à quel point le législateur redoute qu'il soit possible de modifier la loi électorale dans le but principal de favoriser un parti ; or il est incontestable que de tous les systèmes imaginables, c'est bien la représentation des intérêts qui ouvre à la partialité la porte la plus large. Si l'on redoute de remanier les circonscriptions territoriales, parce que l'un ou l'autre parti pourrait y trouver avantage ou agir dans ce but, n'est-il pas absolument évident que la division entièrement arbitraire du pays en groupes, la formation de ceux-ci, ainsi que la répartition des mandats entre eux doivent, d'une façon bien plus certaine et plus incontestable, amener la réalisation de l'éventualité que tout le monde redoute de faire naître, et cela dans des conditions telles qu'il serait difficile de supposer que tôt ou tard cette éventualité ne se transformerait pas en certitude.

Quant à la division en catégories ou groupes d'intérêts indiquée ci-dessus, elle est, ainsi que nous l'avons dit, arbitraire et fantaisiste comme il est facile de le démontrer. On y constate aussi le favoritisme et l'injustice, qu'il est d'ailleurs impossible d'éviter.

Parmi les exclus se trouve en premier lieu l'intérêt national et général entièrement abandonné, dont même on ne doit plus s'occuper qu'indirectement en faisant prospérer uniquement six intérêts réputés principaux et en négligeant tous les autres. Cependant il est certain qu'aucun gouvernement ne doit avoir en vue quelques intérêts particuliers et privilégiés, de préférence à l'intérêt national.

Personne, sans doute, n'oserait soutenir que ces six intérêts comprennent tous ceux de l'ensemble du pays. Cela ne serait pas sérieux. Ainsi de l'intérêt communal, dont s'occupent tous les parlements depuis qu'ils sont établis, il n'en est nullement question, cependant il existe une loi communale à laquelle les législateurs doivent fréquemment avoir égard. Et l'intérêt provincial, tout aussi important, n'est-il pas également passé sous silence ? La défense nationale ne constitue-t-elle pas aussi un intérêt vital, essentiel, tant pour la nation que pour les particuliers, aussi bien au point de vue des sacrifices qu'elle exige que des effets qu'elle doit produire ? Chaque année, forcément, les Chambres doivent s'en occuper, néanmoins de ces 296 députés pas un n'a mission même de l'examiner. Quant à l'armée, il n'en est question que pour supprimer le droit électoral des officiers !

Le titre du système est même usurpé ; il représente, comme on vient de le voir, quelques intérêts privilégiés en laissant à l'écart une foule d'autres, parmi lesquels il y en a de fort importants.

Il existe trois intérêts : l'agriculture, l'industrie et le commerce, dont le caractère général n'est pas contestable et qui, pour cette cause, doivent nécessairement former chacun une catégorie ; seulement cela ne suffit pas et il faut y adjoindre d'autres intérêts ; telle est l'insurmontable difficulté qui se rencontre, puisque parmi les électeurs il en est beaucoup qui ne sont ni agriculteurs, ni industriels, ni commerçants. On est alors forcé d'ajouter aux trois intérêts précités d'autres catégories, tout en adjoignant aux premières quelques intérêts moins importants qu'on ne peut placer ailleurs et qui par le rôle accessoire et effacé qu'on leur donne, n'ont plus aucune influence électorale. Ainsi existe une double inégalité : d'abord entre les privilégiés et les intérêts réputés secondaires qui sont sacrifiés ; en second lieu entre ceux qui obtiennent un rôle principal leur permettant d'exercer une influence prépondérante sur le résultat du scrutin, et ceux auxquels est réservé un rang subalterne, condamnés par là à être représentés par les mandataires d'un intérêt auquel ils sont étrangers.

Ce complément obligatoire donné à certaines catégories amène des anomalies étranges, en opposition avec le principe même de la réforme.

Ainsi les fonctionnaires attachés aux administrations relatives aux transports sont annexés à la catégorie du commerce ; ils ne se composent naturellement que de consommateurs désirant acheter les marchandises au plus bas prix possible, tandis que l'intérêt du marchand consiste à obtenir le prix le plus élevé. Il y a par conséquent dans la même catégorie antagonisme complet. A quoi sert-il de diviser le corps électoral de cette manière pour obtenir un résultat pareil ?

A ce propos, il est à remarquer que, pour diverses questions, il existe dans le pays une lutte entre deux intérêts : les producteurs et les consommateurs. Par ce système, les premiers surtout sont spécialement représentés, tandis qu'il n'en est pas de même des autres. Chaque intérêt pris individuellement est protectionniste, car si l'on offre à un producteur de pouvoir vendre un mark, c'est-à-dire 1 fr. 25, ce dont il n'obtient qu'un franc, pourquoi refuserait-il cet avantage ? En fait, la protection n'est qu'un impôt déguisé frappant les consommateurs du supplément de prix qu'ils donnent au profit du producteur qui bénéficie de la plus-value factice ainsi créée. Dans un pays libre-échangiste comme la Belgique, une Chambre ainsi composée ne pourrait qu'être nuisible.

Comme l'injustice se rencontre partout lorsqu'il s'agit d'appliquer pareil système, on doit naturellement constater son existence quand se fait le choix entre les intérêts privilégiés formant les catégories et ceux à qui est donné un rôle complémentaire. Ainsi le droit forme à lui seul une catégorie, tandis que d'un côté il appartient à la science et de l'autre au pouvoir judiciaire composé de magistrats qui ne doivent pas plus que les autres fonctionnaires publics, avoir le droit d'être représentés par des mandataires particuliers ou d'être choisis obligatoirement comme tel.

Certes, la justice est un intérêt de premier ordre auquel on ne saurait attacher trop grand prix, mais il en est de même de l'enseignement dont l'influence sur l'avenir du pays est énorme; cependant ce dernier intérêt, dont l'importance est si grande au point de vue particulier comme au point de vue général, n'est placé qu'en sous-ordre, comme accessoire de la science. Il est incontestable que cette inégalité flagrante est injuste; cela ne peut être douteux.

Et les autres intérêts publics tous importants pour la population, pourquoi sont ils moins favorisés et jouissent-ils d'un privilège négatif ? Le régime fiscal, l'hygiène, la voirie, l'administration en général, les chemins de fer, etc., méritent-ils cette exclusion complète qui ne leur donne qu'un seul représentant : leur ministre ? Pourquoi cette différence, qu'aucun motif ne justifie ? Ne convient-il pas qu'au moins ici les actes de ce dernier puissent être contrôlés par des hommes compétents plutôt que par des agriculteurs, des industriels ou des commerçants ?

On constate encore ici que, par le fait de l'impossibilité de représenter tous les intérêts et d'établir l'égalité entre eux, ce qui est absolument irréalisable, on est obligé de se contenter d'une représentation inégale, injuste, arbitraire, ayant avec certitude tous les défauts que théoriquement et pratiquement le législateur a jusqu'à présent cherché à éviter. Si sous ce rapport il fallait rechercher le plus mauvais système possible, c'est évidemment la représentation des intérêts qu'il faudrait choisir.

Cette lutte d'intérêts dont la division est déjà si difficile et si défectueuse, n'est pas suffisante pour le système De Greef; dans chacune des premières catégories est introduite la lutte entre les classes, la plus redoutable de toutes celles qui puissent exister au parlement. Dans trois catégories, chaque classe doit avoir ses mandataires particuliers qui tous sont choisis par l'entièreté des électeurs composant le collège.

Ainsi, non seulement au scrutin la lutte existera entre les classes, mais il faut aussi qu'elle se perpétue à la Chambre, où, comme l'expérience l'indique, elle produirait certainement les plus détestables effets.

Aujourd'hui, tout député doit représenter l'intérêt national ou général. Tel est le principe des institutions modernes, qui a fait place aux règles dérivant du régime féodal, par lequel chaque classe constituait une unité politique.

La conséquence de cette organisation doit être que tous les mandataires de chacune des différentes classes doivent être choisis par celle qui comprendra le plus grand nombre d'électeurs, et comme il y a naturellement dans toute profession plus d'ouvriers que de chefs, les premiers seront les maîtres des élections et désigneront la totalité des mandataires de l'industrie et sans doute des deux autres intérêts analogues.

Il ne peut être question d'appliquer à cette organisation la représentation proportionnelle, parce qu'elle aboutirait ici à une contradiction tellement évidente qu'elle n'est pas acceptable.

Ainsi supposons une catégorie comprenant deux classes, l'une de 1000 électeurs et la seconde de 900. Il arriverait que chaque classe ayant trois mandataires en aurait deux choisis par celle qui est la plus nombreuse et un par l'autre ; il est inutile de forcer une classe à choisir les mandataires, qu'elle devrait nommer seule, dans les rangs du parti ou plutôt de la classe opposée. Cette division en classes serait ici plus que superflue dans ce cas.

D'ailleurs, dans la catégorie de l'industrie, la représentation proportionnelle même serait toujours inefficace pour sauvegarder les droits des patrons à être représentés, parce que le nombre des ouvriers sera toujours trop considérable et que la force conservatrice, sur laquelle les patrons pourraient s'appuyer, est répartie dans les autres catégories, ce qui enlève à ceux-ci tout moyen de pouvoir désigner leurs mandataires.

En comptant quatre ouvriers pour tout patron, ingénieur ou directeur, c'est là certainement un chiffre trop minime. Néanmoins supposons un collège ayant à nommer trois mandataires par la représentation proportionnelle et composé de 400 ouvriers et de 100 patrons, directeurs ou ingénieurs. Comme le tiers de 1,200 (400 $\times$ 3) est 400, supérieur à 300 (100 $\times$ 3), les trois élus appartiendront tous à la liste du parti ouvrier, d'où il résulte que les patrons n'auront aucun mandataire choisi par eux.

Nous avons déjà vu comment l'organisation du suffrage universel, faite de cette manière, doit peu satisfaire les esprits conservateurs. Ce nouvel exemple ajouté au précédent montre que cette organisation ne ferait que supprimer les garanties que ceux-ci pourraient parvenir à créer dans l'ensemble du corps électoral.

Sous le régime hollandais, les trois ordres élisaient séparément leurs mandataires, avec la faculté de les choisir dans tous les trois. C'est là évidemment le seul mode logique, lorsqu'existe

cette division de classes ; seulement il ne permettrait plus aux ouvriers de choisir les élus devant représenter les patrons, organisation qui ne peut certainement pas être admise.

Il y a aussi impossibilité matérielle d'appliquer conjointement la représentation des intérêts et la représentation proportionnelle aux élections du conseil des communes rurales, dont la plupart ne comprennent que sept ou neuf membres, divisés en deux séries, tandis qu'il faudrait à chaque scrutin au moins trois élus pour chacune des catégories d'intérêts. Comment d'ailleurs, avec un nombre aussi minime d'électeurs et d'élus, trouver place pour les divers intérêts à représenter d'une manière distincte ?

D'après le système de la représentation des intérêts, beaucoup d'électeurs appartiendraient à plusieurs catégories, comme par exemple celui qui possède une maison en ville et une propriété à la campagne. Pour cette dernière, il appartient à la catégorie de l'agriculture, comme propriétaire de biens ruraux ; pour la première, ce qui est étrange, il fait partie de celle du commerce ; ensuite comme justiciable, il fait partie de la sixième : le droit.

Le double, le triple et même le sextuple vote deviennent par conséquent logiques dans ce système. Lorsque l'inégalité et le privilège se rencontrent partout, rien ne défend d'en abuser.

Ce dernier cas du sextuple vote est loin d'être impossible, comme l'indique l'exemple suivant :

Supposons un ingénieur, en même temps peintre ou musicien, propriétaire d'une usine qu'il exploite lui-même.

Il appartient à la première catégorie, l'agriculture, parce qu'il est propriétaire des biens ruraux qui entourent son usine.

Comme industriel, il appartient à la seconde catégorie ;

A la troisième, le commerce, parce qu'il vend les objets qu'il fabrique ;

A la quatrième, l'art, comme peintre ou musicien ;

A la cinquième, la science, par son diplôme ;

Et enfin à la sixième, le droit, comme justiciable.

Ce système amène par conséquent un gâchis complet où les contestations et surtout les chicanes seraient chose simple et normale. Il faudrait au moins doubler le nombre des conseillers des cours d'appel pour leur permettre de statuer sur la multitude de recours électoraux qui surgiraient à chacune des revisions.

De quelque manière qu'on examine le système de la représentation des intérêts, on constate ses mauvais résultats. Il en est également ainsi lorsqu'on passe successivement en revue chacune des catégories proposées.

Pour l'agriculture, la Belgique est divisée en collèges territoriaux appelés régions.

On devrait en conclure que les agriculteurs d'une même région ont des intérêts semblables, ne devant jamais être en contradiction entre eux, ce que doit vouloir le système pour être logique, car sans cela on arriverait par ce groupement à toujours sacrifier le plus faible au plus fort.

Cependant il est loin d'en être ainsi, ce qui fait voir combien, encore ici, le système est défectueux.

Ainsi, parmi les agriculteurs, il en est dont le bénéfice provient uniquement de l'élevage du bétail, tandis que d'autres ne tirent profit que de la vente de leur récolte. Pour les premiers, plus les fourrages seront à bas prix, plus ils gagneront ; tandis que pour les autres, un résultat contraire leur serait avantageux. En outre, il est diverses régions où telle culture est généralisée dans certaines parties, tandis que dans d'autres celle-ci est rare ou peu rémunératrice. Par exemple, dans le collège formé par la province de Luxembourg, la Famenne et les arrondissements d'Arlon et de Virton diffèrent tellement des terrains ardennais, qu'à la récente exposition agricole d'Arlon ils ont formé deux catégories différentes pour le concours. Ce sont donc, au point de vue de l'agriculture, des intérêts tout-à-fait dissemblables, qu'il est injuste, d'après le principe même du système, de faire représenter par les mêmes députés. Dans ces conditions, un conflit deviendrait inévitable et il en résulterait un préjudice pour les uns ou les autres, peut-être même pour tous.

En ce qui concerne l'organisation elle-même, ce sont des rouages tellement nombreux, des complications tellement multipliées, qu'il faut une étude pour parvenir à s'en rendre compte.

La presse a souvent protesté contre les complications de la législation électorale actuelle. Celle-ci devient cependant d'une simplicité élémentaire si on la compare au projet dont il est ici question, contenant des dispositions relatives à l'organisation d'une foule d'assemblées de tous les genres appelées à intervenir dans le domaine électoral.

L'organisation appliquée chez nous de 1815 à 1830 avait pour but d'éviter les complications, néanmoins il a fallu de nombreuses décisions de l'autorité supérieure afin d'empêcher la confusion entre les catégories d'électeurs reposant cependant sur des bases évidentes.

Quand un mécanisme est composé d'une multitude de pièces : roues, engrenages, ressorts, il suffit que l'une d'entre elles se dérange pour que rien ne marche plus. Cela démontre qu'en toutes choses, et également dans la législation électorale, il est bien préférable de chercher à simplifier plutôt qu'à compliquer.

Rien que pour l'agriculture, — il en est de même, avec d'autres noms, pour l'industrie et le commerce, — voici la liste de tous les corps constitués légalement et appelés à prendre part à l'organisation préliminaire de l'élection :

1° un comice dans chaque canton ;
2° un comité de chacun de ces comices ;
3° un conseil régional dans chacun des collèges ;
4° un conseil supérieur pour tout le pays.

C'est là une organisation en quelque sorte parlementaire, permettant aux assemblées de dicter leurs votes aux députés qui sont leurs mandataires, de leur enlever ainsi tout libre-arbitre en leur donnant un mandat impératif, ce qui ferait d'eux des machines à décider, comme il existe certains électeurs qui sont des machines à voter. Par ce système, le parlement n'aurait plus d'autre rôle que celui d'un bureau d'enregistrement, ou bien il serait réputé avoir sacrifié les intérêts de l'agriculture. C'est là une organisation essentiellement vicieuse, attendu qu'aucune autorité légale ne doit avoir le moyen de dicter sa volonté à une autorité constitutionnelle, et qu'il faut assurer au parlement la faculté d'apprécier toute question au point de vue de l'intérêt général, sans qu'aucun de ses membres n'ait mandat de faire admettre une solution dictée par une autorité inférieure.

Quant aux opérations électorales elles-mêmes, leur organisation ne vaut pas mieux que le restant.

Pour la composition de toutes ces assemblées, ainsi que pour l'élection elle-même, les agriculteurs se divisent en quatre classes ou catégories : 1ère les propriétaires fonciers non cultivateurs ; 2e les cultivateurs propriétaires pour le tout ou pour plus de la moitié de leur exploitation ; 3e les cultivateurs fermiers pour le tout ou pour plus de la moitié de leur exploitation ; 4e les journaliers et les domestiques.

Ces quatre catégories élisent *séparément* leurs mandataires au comité du comice cantonal, afin que celui-ci soit composé en nombre égal de délégués de chacune des catégories. Pour le conseil régional, chaque comice élit un mandataire de chacune des catégories, sans qu'il soit indiqué comment on procède à cette élection. Pour le Sénat, contrairement à la règle précédente, tous les électeurs *réunis* élisent, tous les quatre ans, dans chacune des régions, trois mandataires de chacune des quatre catégories, douze en tout.

Cette élection en commun, ainsi que déjà nous l'avons fait remarquer, est en contradiction avec les règles les plus élémentaires de la représentation. Si l'on veut que chacune des classes ait ses mandataires, ils doivent être nommés uniquement par celle-ci ; si au contraire tel n'est pas le but, pourquoi contraindre les électeurs à rechercher des représentants de leurs idées dans les rangs des adversaires, puisque cette division doit surtout établir la lutte entre les classes.

Dans ces conditions, si l'une des classes comprend 100 électeurs et l'autre 30, il est clair que la première aura la faculté d'élire les mandataires de la seconde parmi des candidats choisis dans les rangs de celle-ci, mais ne partageant pas les idées de cette dernière. Cela est tout-à-fait illogique et même inadmissible.

Un autre résultat de cette organisation s'éloigne du domaine sérieux.

Comme nous venons de le voir, dans chacune des cinq régions il faut élire douze sénateurs, dont trois appartiennent à l'une des quatre catégories, et la quatrième est formée par « les journaliers et les domestiques de ferme ».

Ainsi, dans le Sénat belge, quinze sièges devraient être exclusivement réservés aux journaliers et aux domestiques de ferme, c'est-à-dire aux vachers, aux porchers, aux palefreniers, aux bergers et aux valets de ferme !

Jusqu'à présent sans doute, personne n'avait songé à transformer ceux-ci en législateurs.

Rencontrerait-on en Belgique un seul vacher ou porcher possédant une notion même élémentaire de droit ou de législation ? Leur science, au maximum, s'étend à la lecture et à l'écriture, et c'est à des juristes de cette force que la Belgique confierait la confection de ses lois ! Cela est absolument impossible.

Chacun son métier dans ce bas monde et la besogne se fait régulièrement.

Il est clair qu'on ne peut réserver à un sourd une place dans le jury du conservatoire ; de même qu'un aveugle ne peut faire partie d'une commission chargée d'apprécier un concours de peinture.

L'enseignement primaire est certes un intérêt important, néanmoins personne, jusqu'à présent, n'a songé à réserver des sièges parlementaires aux enfants de ces écoles, dont la compétence en matière de droit et de législation serait tout au moins égale à celle des vachers et des porchers.

Quant au vote lui-même, la disposition qui le concerne dans le projet manque absolument de clarté. Il se fait sur une liste unique de douze candidats dans chaque région, à raison de trois candidats par catégorie. Cela signifie-t-il qu'il faut préalablement arrêter une liste, que tout panachage est interdit, qu'il n'est pas permis de voter pour six candidats, mais bien pour douze ? Il y a ici manque complet de précision.

Passons à l'industrie où se rencontrent d'une manière bien plus évidente encore les vices constatés dans l'organisation de l'agriculture.

C'est ici surtout que se voit l'effet du vote en commun pour l'élection des sénateurs. Le groupe comprend deux classes : 1° les ouvriers et les employés ; 2° les directeurs, administrateurs, ingénieurs, maîtres et patrons. Pour chacun des collèges, trois sénateurs sont choisis dans chacune des deux classes et élus par les électeurs réunis de l'une et de l'autre.

Comme nous l'avons déjà démontré, quel que soit le système électoral adopté pour le dépouillement du scrutin, le vote cumulatif seul excepté, il est absolument impossible aux patrons d'obtenir dans aucun des collèges un seul mandataire au Sénat, choisi par eux, à moins que le nombre proportionnel des ouvriers et des chefs ne soit inférieur à la proportion de 4 à 1, et naturellement il n'est pas possible que chaque patron ou directeur d'usine n'ait pas plus de trois ouvriers sous ses ordres. On constate par là que le système de M. De Greef assurerait à l'élément ouvrier une prépondérance bien plus certaine qu'avec le suffrage universel pur et simple.

L'organisation de la représentation industrielle est beaucoup plus compliquée encore que celle de l'agriculture ; cela atteint même de telles proportions qu'il faudrait s'étendre longuement pour parvenir à l'expliquer ; aussi est-il plus simple de renvoyer au traité lui-même (pages 250 à 288), plutôt que d'entreprendre cette tâche analytique.

Il suffit de dire ici que cette organisation a pour base la section formée de 400 ouvriers environ et de leurs patrons et directeurs, que chaque section a son comité et élit des délégués au conseil régional formé par la réunion de vingt conseils de l'industrie et du travail, ainsi que ses délégués au conseil supérieur de l'industrie et du travail.

Par suite de la formation des sections ayant pour base le nombre de 400 ouvriers auxquels s'ajoutent leurs chefs formant la seconde catégorie, il est certain que dans chacune, les premiers doivent avoir la prépondérance. L'influence des patrons se trouve ainsi complètement supprimée au parlement où ils ne sont représentés que par ceux d'entre eux élus par les ouvriers et adoptant le programme de ce parti.

Il est donc impossible d'établir une organisation plus préjudiciable aux patrons ; elle les placerait entièrement sous la dépendance des ouvriers, et naturellement on trouvera que renforcer de cette manière les effets du suffrage universel ne pourrait avoir que des conséquences nuisibles.

Quant au vote, il y a encore ici manque de clarté ; il se fait tous les quatre ans, à la justice de paix, sur une liste unique contenant trois candidats de chacune des catégories précitées. Qui est-ce qui forme cette liste *unique* dont on ne peut s'écarter ? Comment l'électeur peut-il choisir les candidats qu'il préfère si ce choix est limité par une liste unique comprenant six noms ?

Pour le commerce, la représentation est provinciale et les subdivisions de celle-ci sont les arrondissements administratifs. Dans chacun de ceux-ci existe une union syndicale composée des délégués élus par toutes les chambres syndicales spéciales de l'arrondissement ; chacune est constituée par les commerçants y exerçant la même spécialité, et comme pour l'industrie, il y a deux catégories : 1° les propriétaires, capitalistes, patrons, entrepreneurs, fonctionnaires et employés supérieurs ; 2° les employés inférieurs, ouvriers et domestiques. Chacune de ces deux catégories a droit à une représentation égale.

Les fonctionnaires et employés de l'Etat aussi bien que des entreprises privées, qui s'occupent du service des transports, sont classés ici comme commerçants, bien qu'ils n'exercent pas plus le commerce que le maçon qui construit la maison devant servir de magasin. Il en est de même des propriétaires d'immeubles urbains, des rentiers, etc. C'est là une classification tout-à-fait arbitraire, que rien ne justifie, puisqu'entre eux n'existe aucune identité d'intérêts, que même personnellement leurs intérêts sont souvent opposés. Autant vaudrait prendre dans la rue les cinquante premiers passants qu'on rencontrerait, en former un groupe et dire qu'ils représentent un intérêt quelconque.

Il est vrai que certains électeurs doivent être classés dans un groupe ; on ne sait où les mettre et l'on prend le premier venu, ici le troisième. Seulement alors la firme du groupe devrait être modifiée et il faudrait l'appeler : le commerce et compagnie.

Voilà le gâchis auquel on est contraint d'aboutir pour appliquer le système de la représentation des intérêts.

En ce qui concerne la représentation des trois derniers intérêts : l'art, la science et le droit, M. De Greef est beaucoup moins précis ; l'on constate les nombreuses difficultés qu'il rencontre et l'hésitation qu'il met à les aborder ; aussi cette partie de son projet est-elle loin d'être complète , il s'agit ici plutôt d'idées générales. Pour ces intérêts d'ailleurs, tout est à imaginer et à créer ; l'appréciation personnelle de chacun est le seul guide qu'on peut suivre et chaque nouveau projet devient la source de nouvelles combinaisons.

La représentation artistique, selon M. De Greef, serait divisée en deux sections, l'une la région flamande, l'autre la région wallonne. Il est à espérer que jamais division pareille ne sera votée par le parlement, qui ne peut officiellement consacrer dans le domaine électoral, cet antagonisme de races constituant un grave danger pour l'existence nationale et qu'il ne serait pas sage de développer par de nouveaux germes de rivalité, lorsque cela est loin d'être nécessaire. Le but du parlement doit être évidemment de chercher à unir et non à séparer ces deux parties du pays.

Ce projet, il est vrai, a principalement pour résultat de donner à deux académies, recevant la personnification civile, un caractère politique et électoral. Existe-t-il à cela le moindre avantage? Évidemment non. Ces artistes, aujourd'hui, ont à s'occuper uniquement des questions de leur compétence et elles sont assez importantes pour qu'il n'y ait pas lieu de les distraire par d'autres préoccupations, surtout par des questions politiques, qui bientôt pourraient y avoir une influence prépondérante et faire admettre dans ces académies plutôt les hommes de parti que les hommes de talent.

La représentation scientifique présente deux difficultés : la première, son organisation propre; la seconde, sa situation à l'égard des autres intérêts, de manière à ne pas multiplier pour certaines personnes le droit de vote, ce qui constitue une inégalité et un privilège évident. Le projet dont il est question ne parvient pas à vaincre ces difficultés.

C'est une académie des sciences physiques, naturelles, morales et politiques qui constitue la base de cette organisation. Elle doit recevoir la personnification civile, de même que les quatre universités et les instituts spéciaux supérieurs. Cette dernière question semble n'avoir aucun rapport avec le domaine électoral. Il est facile de la résoudre par un trait de plume, tandis que notre histoire parlementaire nous montre à quel point le parlement semble peu disposé à l'admettre sans longs débats.

Cette académie serait divisée en deux sections : l'une, celle des sciences physiques et naturelles; l'autre, celle des sciences morales et politiques. Une part de représentation serait accordée à la science libre, une autre à l'enseignement.

Ainsi l'enseignement, intérêt principal de la nation en général et de chaque père de famille en particulier, est rangé non pas même comme division d'une catégorie, la science, mais seulement comme subdivision de celle-ci ; il a un rôle tout-à-fait secondaire, à titre d'accessoire, comme si la Chambre n'avait pas à s'occuper de cette matière. C'est là un vice incontestable, d'autant plus que le droit forme seul l'une des catégories principales.

Parmi les électeurs de la première catégorie de la division susdite : la science libre, figurent les docteurs en droit, c'est-à-dire les avocats, tandis que ceux-ci ont une représentation spéciale dans le sixième ordre : le droit ; les voilà doublement favorisés ; ce sont les privilégiés de l'organisation proposée, qui toujours oublie que la base de tout bon système électoral est l'égalité entre les électeurs.

Le sixième groupe, le droit, repose sur un système particulier, nullement d'accord avec celui qui est appliqué aux cinq groupes précédents, où la condition exigée de l'électeur consiste dans l'exercice d'une profession déterminée.

Ici, au contraire, est électeur tout justiciable, c'est-à-dire l'intégralité de la nation, hommes et femmes depuis l'âge de 18 ans. Ils sont appelés à élire uniquement des magistrats.

Ce système n'est pas logique sous ce rapport, attendu qu'aucun juge, sauf le juge de paix, n'agit isolément ; par conséquent il est impossible à l'électeur d'apprécier la capacité individuelle de chacun, surtout au point de vue des travaux parlementaires. Convient-il d'ailleurs de lancer les magistrats dans la mêlée des partis ? Les avis sont loin d'être unanimes sur ce point, et généralement l'on ne désire pas avoir de magistrats ayant le caractère d'hommes politiques.

La représentation juridique se composerait d'abord de quatre avocats par ressort de cour d'appel ; il y en a beaucoup plus aujourd'hui, sans qu'il soit nécessaire de créer pour eux une nomination obligatoire.

Elle comprendrait en outre : six membres des conseils de prud'hommes, six juges consulaires, trois juges de paix, trois magistrats de première instance, six conseillers de cour d'appel et six conseillers à la cour de cassation.

Sans doute, avant le vote, il y aurait distribution gratuite de l'annuaire judiciaire à tous les électeurs. Sans cela, ils ne pourraient parvenir à éviter la confusion qu'amènerait inévitablement le nombre déterminé de places attribué à chacune des nombreuses fonctions de l'ordre judiciaire.

Quant au principe adopté ici, par lequel sont électeurs pour chacun des groupes les citoyens appelés à apprécier le mieux les actes des hommes parmi lesquels ils doivent choisir les élus, il pourrait être généralisé et amener des conséquences tout aussi logiques que celles de la représentation des intérêts. Ainsi les auditeurs des concerts auraient à élire les musiciens, les acheteurs de tableaux nommeraient les peintres, les soldats désigneraient les officiers, les élèves choisiraient les professeurs, et ainsi de suite. On arriverait de cette manière à ce que les électeurs pourraient mieux juger le mérite des élus. Du moment où il s'agit de représenter les intérêts, n'est-il pas juste que les plus intéressés prennent part au scrutin ?

On peut donc à ce sujet imaginer une foule de combinaisons différentes ; le champ est vaste, ce qui fait que l'imagination peut s'y promener à l'aise.

Seulement, la grande difficulté consiste à rendre ces combinaisons pratiques ; mais celui qui chercherait à les trouver aurait toujours la consolation de se dire qu'elles le seront toujours autant que la représentation des intérêts.

D'après les propositions faites aux Chambres, il s'agirait uniquement d'indiquer dans la Constitution le principe de la représentation des intérêts, sans préciser de quelle manière il sera appliqué. Dans ces conditions, on abandonnerait au législateur le droit d'établir ou de modifier les règles à suivre, desquelles dépend la composition des Chambres. Or, chacun sait que par la division arbitraire des groupes et la répartition des mandats entre eux, chacun pourra parvenir à assurer la majorité parlementaire au parti qu'il préfère. Il est donc impossible de donner aux majorités dans les Chambres un droit devant inévitablement produire de tels abus.

D'un autre côté, pour établir par la Constitution elle-même les règles à suivre, il faudrait ajouter à celle-ci au moins une centaine d'articles, ce qui n'est évidemment pas conciliable avec une simple revision.

Comme organisation gouvernementale, est-ce un progrès de faire examiner toute loi par deux Chambres, l'une élue en vue de questions politiques, tandis que l'autre doit se préoccuper surtout des intérêts, ce qui amènerait sans cesse entre elles des conflits difficilement conciliables ?

Lorsqu'on envisage la question à un point de vue absolument général, on constate combien ce système constitue un pas rétrograde devant nous faire reculer vers le passé.

L'une des causes principales de la révolution de 1789 a été l'inégalité des citoyens et la division de ceux-ci en classes parfaitement distinctes, possédant chacune des droits particuliers dont dépendaient des privilèges nombreux accordés aux uns et que n'avaient pas les autres. Le résultat obtenu par cette révolution et qui constitue l'une des plus nobles conquêtes de l'humanité, a été d'établir entre les citoyens l'égalité qui existe aujourd'hui, en prohibant toute division de caste ou de classe dont dériveraient des droits particuliers.

C'est l'individualisme qui a été adopté comme base juridique représentant ce principe d'égalité et de liberté personnelle que l'on a voulu garantir en lui donnant partout la plus large extension et en abolissant toute organisation fondée sur la réunion de citoyens en groupes ou catégories.

Ce serait vouloir réagir contre ce principe de l'égalité individuelle, dont la bonté et l'efficacité sont partout reconnues, que d'adopter un système le détruisant dans la manifestation où le citoyen doit le plus la revendiquer. L'égalité entre tous les électeurs ne doit-elle pas ici constituer le principe fondamental de la législation, et cette égalité est détruite par la formation de groupes composés chacun d'un nombre d'électeurs différents, ayant à s'occuper principalement d'intérêts distincts et rivaux.

Comme le démontre l'examen précédent, le système De Greef a pour base l'inégalité des électeurs, le privilège et l'arbitraire, ce qui le rend inadmissible.

De quelque manière qu'on organise le système de la représentation des intérêts, le but de ce dernier consiste à altérer le résultat qui donne la volonté des électeurs exprimée individuellement ainsi que le calcul simple, logique et mathématique par lequel la solution n'en est pas contestable.

L'opinion publique n'a jamais aimé ces complications par lesquelles, avec les mêmes électeurs et les mêmes votes, il est possible d'obtenir légalement tout résultat quelconque, même le plus incroyable. Elle se dit avec raison qu'il est inutile de consulter le corps électoral pour lui faire décider éventuellement le contraire de ce qu'il veut. Elle n'admet pas non plus ce qu'elle appelle « les systèmes de tripotages », permettant de composer une Chambre non pas selon la volonté du pays, mais conformément à celle du législateur qui a combiné ce système.

On peut en effet, avec la représentation des intérêts, créer les situations les plus impossibles, en observant les règles qui en forment la base. Supposons par exemple 10,000 électeurs, parmi lesquels 10 seulement ont une opinion qu'approuvent ceux qui ont à appliquer le système. Dans ce cas, rien n'est plus facile que de faire triompher dans ce collège l'opinion de cette minorité : il suffit de faire de ces 10 électeurs une catégorie ayant à nommer deux mandataires, tandis que les 9,990 autres électeurs formeront la seconde catégorie n'ayant à nommer qu'un seul élu. Il ne s'agit ici qu'à trouver une raison ou un prétexte pour justifier pareille division, et certes personne n'estimera que cela puisse constituer un obstacle.

Le système actuel de l'individualisme offre à cet égard des garanties qui mettent obstacle à l'établissement d'un privilège aussi injuste.

Où trouverait-on un législateur assez téméraire pour affirmer qu'en élaborant un projet appliquant la représentation des intérêts, il sera certain de ne pas s'écarter des règles de la justice ? S'il en existait un, cette affirmation de sa part ne serait pas autre chose que de la présomption, car bientôt les faits les plus évidents établiraient l'impossibilité de parvenir à réaliser ce but.

En outre, comme nous l'avons déjà démontré d'une manière générale, la liberté de l'électeur est considérablement restreinte, ce qui est un vice capital pour toute législation électorale.

M. de Greef a divisé le corps électoral en six catégories, ayant chacune comme attribution tout ce qui concerne un même intérêt. Dans ces conditions, il est clair d'abord que ces six groupes n'ont pas tous à s'occuper également des diverses questions relatives à la nation, car, s'il en était ainsi, cette division serait superflue. D'un autre côté, si le premier de ces groupes représente l'agriculture et se compose d'une série d'assemblées de tous genres devant délibérer sur les questions qui la concernent, il est clair que cette organisation compliquée n'est pas établie pour que les cinq autres groupes s'occupent également de questions agricoles ; ceux-ci deviendraient à cet égard incompétents et sont par là destitués de toute intervention relative à ce sujet. L'électeur incorporé, sans son consentement, dans une des cinq dernières catégories, n'aura plus par conséquent la possibilité de se mêler en quoi que ce soit des questions agricoles.

Il en est de même quant aux autres catégories. Ainsi le commerçant, dont une grande partie de la fortune est placée en fonds-publics s'appliquant à des entreprises industrielles, ne peut plus par son vote intervenir au sujet de l'intérêt le plus considérable pour sa famille ; il est forcé de s'abstenir et de se prononcer uniquement au sujet de questions n'ayant peut-être pour lui qu'une importance fort secondaire.

Cela n'est certainement pas juste ; l'on ne peut admettre que l'électeur ne soit pas libre d'exprimer sa volonté comme il l'entend.

D'ailleurs, pourquoi introduirait-on chez nous la représentation des intérêts qu'aucun peuple n'a jamais demandée, qui n'a jamais été appliquée nulle part et qui est tellement peu connue qu'il n'existe encore aucun accord sur son mode d'application.

Reviser une Constitution n'est pas une partie de colin-maillard. Quand on veut sauter un fossé les yeux bandés, on est sûr de faire la culbute.

L'ancien fédéralisme électoral, dont on a changé le nom, a donné jadis de si mauvais résultats que des révolutions l'ont fait disparaître, et certes, une institution populaire ne subit pas une condamnation de ce genre. Nous n'avons pas à faire ressusciter chez nous des vieilleries du temps passé, condamnées par l'expérience. En matière politique, la marche de l'écrevisse n'a jamais été considérée comme un progrès.

Tout système nouveau a eu ses admirateurs. Rien n'est parfait dans ce bas monde et toute institution a ses défauts. Il est bien facile de citer l'un des défauts de l'organisation actuelle, de constater qu'un système inconnu ne l'a pas, et d'en conclure que ce dernier doit remplacer le précédent. Mais avant d'admettre la valeur d'une conclusion pareille, il est sage et prudent de rechercher les résultats que produirait semblable réforme, ce qui permet de se rendre compte de l'amélioration présumée, et c'est surtout dans le cas présent qu'on constate à quel point l'amélioration susdite serait une présomption et non une réalité.

S'il est un principe gouvernemental universellement reconnu, c'est bien celui par lequel une Chambre doit avoir pour mission principale de s'occuper de l'intérêt national et de toujours le préférer aux intérêts particuliers ; or, c'est justement à l'effet d'annihiler l'intérêt national pour le remplacer par les intérêts particuliers, que le système nouveau a été combiné.

La règle par laquelle c'est la nation en général qui doit être représentée par chacun des députés est si incontestablement reconnue, qu'elle est inscrite dans la plupart des Constitutions et forme ainsi l'une des bases de régime représentatif.

Mais il est surtout une raison qui met obstacle à ce que le système nouveau puisse être inscrit dans la loi ; c'est parce que, par la formation nécessairement arbitraire des groupes et la répartition inégale des mandats entre eux, il donne la faculté au législateur d'assurer la prépondérance d'un parti à la Chambre, en condamnant ses adversaires au rôle de minorité, quand bien même telle ne serait pas la volonté du pays régulièrement consulté.

Chacun sait qu'un régime où dominent le privilège et l'injustice doit toujours être de courte durée.

Restreindre la liberté de l'électeur et enlever le libre-arbitre à l'élu ne constituent pas non plus une réforme désirable.

En ce qui concerne la durée du mandat parlementaire, M. De Greef la fixe à quatre années. Toutefois l'auteur exprime l'espoir que cette règle ne serait que temporaire et qu'une autre la remplacera, permettant par exemple à une université devant être représentée au parlement, d'y envoyer ses professeurs de la faculté de droit, lorsqu'on aurait à discuter une question juridique, ou ceux de la faculté de sciences, s'il y a lieu de délibérer sur une loi relative à ce sujet.

Les conséquences d'un pareil changement seraient assez étranges. Ainsi, supposons une Chambre où la majorité ministérielle est fort minime ; les professeurs de la faculté de droit sont favorables au gouvernement ; ceux de la faculté des sciences appartiennent à l'opposition. Pendant la session trois lois importantes doivent être discutées : la première est politique, les deux autres concernent le droit et les sciences.

Quel pourra être le débat le plus important de cette session ? Ce sera la fixation de l'ordre du jour établissant laquelle de ces deux lois devra être discutée la première. Si c'est la loi juridique, les professeurs de la faculté de droit siégeront et la loi politique, par leur appui, sera certainement votée ; mais si c'est la loi concernant les sciences, les professeurs de cette faculté combattront la loi politique qui pourrait aussi être rejetée. On constate par ce fait à quelles manœuvres pourrait donner lieu la règle désirée, ce qui, pour ce motif et bien d'autres, ne permet pas de l'admettre.

L'auteur dont nous nous occupons, paraît ici, comme dans bien des pages de son livre, se faire l'illusion que la représentation des intérêts ferait disparaître les partis politiques qui, introduits dans son système, le transformeraient en un affreux gâchis. Il ne suffit pas d'animer une Chambre de l'esprit de lucre pour y éteindre la lutte politique.

Si une assemblée est toujours de l'avis du gouvernement, sans discuter même ses actes, elle est évidemment superflue et l'on peut la supprimer.

Quand se réalise le fait naturel de la discussion, il en résulte généralement que certains membres fréquemment approuvent, tandis que d'autres le plus souvent combattent les mesures proposées. Dans ces conditions, les uns et les autres doivent, au bout d'un certain temps, se mettre d'accord sur certains points principaux, ce qui constitue les partis politiques.

D'un autre côté, tout gouvernement doit avoir un programme, qu'il cherche à appliquer et qui se constate dans la plupart de ses actes. Ceux qui combattent ce ministère n'admettent évidemment pas ce programme et par ce fait, ils doivent en avoir un autre.

Chaque électeur sérieux examine naturellement les deux programmes et admet l'un au préjudice de l'autre. Or, le triomphe de chacun d'eux a des effets successifs et continuels, tandis que le vote relatif à telle ou telle question particulière n'a d'autre portée que celle qui s'attache au vote unique de cette loi, effet tout-à-fait temporaire. De cette comparaison, l'électeur instinctivement comprend l'avantage qui existe de donner à son vote, qu'il n'exprime que rarement, un effet général, plutôt que de le restreindre au fait d'appuyer ou de combattre une seule et unique loi.

Pour ce motif et quoi qu'on fasse, le vote politique ne pourra jamais être mis à l'écart. Déjà, lors de la réforme électorale de 1848, qui modifiait d'une manière complète la situation du corps électoral, on se figurait généralement que les anciens partis allaient disparaître pour faire place à un état de choses nouveau ; le parti catholique abdiquait même, croyant son temps fini ; voici ce que disait à ce sujet M. Deschamps, pendant la discussion de la réforme susdite, en expliquant pourquoi il adhérait à la loi proposée :

« Des considérations d'un ordre supérieur, puisées dans les événements qui, en un jour, nous ont fait franchir un siècle entier, nous commandent à tous de donner à la mesure proposée notre assentiment.

« Le danger que présentait cette réforme électorale provenait de ce qu'elle donnait à l'un des partis parlementaires des armes pour écraser l'autre. Ce danger provenait de la prépondérance trop exclusive donnée aux villes sur les campagnes ; mais il faut le reconnaître ; cette opposition d'intérêts entre les villes et les campagnes en ce moment n'existe plus, *et les partis, morts pour longtemps, ne sont destinés à renaître que totalement transformés*. En présence de ce fait évident, l'intérêt politique qui se rattachait à cette réforme a perdu sa principale signification. En second lieu, l'élan patriotique qui s'est manifesté dans toutes les classes de la population ôte tout danger actuel à l'abaissement trop brusque du cens électoral ; on ne trouvera dans les couches de la population que le cens de 20 florins va atteindre, que des idées d'ordre et de moralité, que des sentiments de patriotique dévoûment aux institutions nationales. »

L'orateur ajoute que, dans ces moments suprêmes, toute l'action du pays doit se concentrer dans les mains du gouvernement, à qui il accorde une confiance complète et sans réserve.

Malgré cette affirmation si positive d'un homme politique

éminent, dès 1850, la lutte recommença entre les anciens partis et ne cessa plus depuis cette époque.

Si la lutte politique doit se mêler aux luttes d'intérêts et de classes, quel résultat doit produire le système nouveau ; qu'amèneront toutes les si nombreuses complications de catégories, de classes, de divisions et de subdivisions de la représentation des intérêts ? Tel collège placera la lutte sur le terrain des classes, un autre ne s'occupera que de tel intérêt ; puis viendront tous ceux qui préféreront la politique ; enfin la seconde Chambre sera comme aujourd'hui un corps politiquement élu. Cela conduira à la désorganisation parlementaire qui livrerait le vote des affaires les plus importantes pour le pays à des manœuvres de tous genres, lesquelles ne sont ni souhaitables, ni désirables.

Une telle situation ne peut que porter préjudice au prestige du parlement, déjà assez affaibli par le choix phénoménal qu'il faudrait faire de ses membres, d'après le projet dont il est ici question.

Il a toujours été reconnu, fait d'ailleurs incontestable, qu'une nation doit chercher à composer son parlement des hommes les plus compétents pour en faire des législateurs. Jamais l'ignorance n'a été jugée devoir être un titre à l'éligibilité.

Le système nouveau change tout cela. Le Sénat, légalement, par l'organisation proposée, devrait forcément comprendre sur 296 membres :

Agriculture : 15 journaliers et domestiques, c'est-à-dire vachers, porchers, bergers, palefreniers et valets de ferme ;

Industrie : 27 employés d'usine ou ouvriers ;

Commerce : 27 employés inférieurs, ouvriers ou domestiques.

Ce qui fait un total de 69 sur 296.

A part les employés, qui peuvent exceptionnellement avoir

une instruction juridique élémentaire, il est notoire, au point que personne ne pourrait le contester, que les vachers, porchers, palefreniers etc., ne possèdent aucune instruction juridique, et cependant il faudrait élire ceux-ci comme législateurs !

Il y en aurait une cinquantaine de ce genre sur les 69, et l'on affirme qu'une réforme semblable constituerait un progrès !

Mais alors il faudrait ajouter à l'article 56 une nouvelle condition d'éligibilité : savoir lire et écrire !

Car personne sans doute ne suppose qu'il puisse y avoir un législateur complètement illettré ; or, si le choix indiqué ci-dessus devenait obligatoire, il est présumable qu'en l'absence de garantie contre un pareil abus, ce fait se réaliserait.

Cependant cela est en tous points inadmissible. La logique s'oppose évidemment à ce que le pays charge de la confection des lois ceux qui seraient incapables même de les lire.

Jamais aucune nation n'a songé à faire de l'ignorance un titre à l'éligibilité, et certainement ce n'est pas la Belgique qui commencera.

CHAPITRE V. — **Éligibilité au Sénat.**

L'article 56 de la Constitution établit quelles sont les conditions d'éligibilité au Sénat ; elles sont au nombre de cinq.

Naturellement, il n'est pas question de supprimer celles qui, dans les mêmes termes, sont contenues dans l'article 50 de la Constitution relatif à la Chambre des représentants.

Il est incontestable que le sénateur doit posséder la qualité de Belge et avoir son domicile en Belgique.

La jouissance des droits civils et politiques est naturellement indispensable. M. Pirmez a présenté quelques observations à ce sujet dans son rapport sur l'article 152 du code électoral de 1872, en soutenant que l'insertion de pareille condition dans la loi est superflue. Quand bien même cette argumentation serait parfaitement justifiée, un proverbe dit que ce qui abonde ne nuit pas, d'autant plus qu'ici cette suppression établirait une différence, qui ne doit pas exister, entre les articles 56 et 50, ce dernier ne pouvant être modifié.

Quant à l'âge, celui de 40 ans a été établi ; on propose de le modifier ; cette proposition, basée uniquement sur une question d'appréciation, ne paraît pas avoir chance d'être adoptée. Elle est d'ailleurs secondaire au point de vue juridique.

La seule question à examiner ici est par conséquent celle du cens d'éligibilité, fort importante à tous les titres, et particulièrement en ce qui concerne le dernier alinéa de l'article 56, qui, par les difficultés d'application qu'il a fait naître, est évidemment l'une des dispositions de la Constitution dont la révision est la plus nécessaire.

Un premier point essentiel devra d'abord être décidé : faut-il maintenir ou supprimer le cens d'éligibilité ?

Sans doute, il constitue une restriction importante au droit que possèdent les électeurs de choisir leurs mandataires, et si l'on donne à ce fait un caractère principal, il y a lieu de condamner le cens.

Seulement, en supprimant cette cinquième condition d'éligibilité, il en reste quatre qui sont semblables, sauf l'âge, à celles exigées pour la Chambre ; il y a donc pour ainsi dire identité entre les deux assemblées, et le Sénat n'a plus ce caractère de pouvoir modérateur à cause duquel la dualité des Chambres a été admise par le Congrès.

En effet, s'il suffit d'avoir 40 ans pour être éligible, le choix de l'électeur est pour ainsi dire illimité et il lui est possible de composer la majorité d'hommes aux idées les plus avancées. Si, tout au contraire, ce choix est soumis à des conditions et ne peut s'appliquer qu'à des hommes offrant les garanties recherchées, le caractère de l'assemblée que lui a donné le Congrès est conservé.

Pour atteindre ce même but en supprimant le cens, on doit ou bien faire élire le Sénat par un corps électoral restreint et chercher là les garanties fournies par le cens d'éligibilité. Il est évident que pour obtenir ce résultat d'une manière efficace par cette voie, il faut avoir recours à des mesures sérieuses, ne pouvant faire naître de doute, allant peut-être jusqu'à maintenir, pour cette assemblée, le corps électoral censitaire actuel. On doit présumer que l'opinion publique préférera plutôt les restrictions par l'éligibilité auxquelles elle est habituée, que celles plus grandes dont souffrirait l'électorat.

Comme second moyen, et c'est celui qu'on propose, il s'agit de donner au Sénat un mode d'élection tout-à-fait différent de celui de l'autre Chambre.

Abstraction faite de la valeur du système nouveau, il a été précédemment démontré combien il est préférable de faire élire les deux Chambres, comme actuellement, par les mêmes électeurs et au moyen de la même organisation, et combien il peut être nuisible et dangereux d'avoir pour les deux assemblées soit des électeurs différents, soit un mode d'élection dissemblable, ce qui peut faire naître des conflits durables, sans qu'il y ait de moyen efficace d'y mettre certainement un terme.

Pour supprimer le cens d'éligibilité, on est obligé ou bien, par des restrictions nombreuses, de porter atteinte au droit électoral des citoyens, ou bien il faut détruire l'organisation actuelle, que l'expérience a justifiée depuis soixante ans, pour se lancer dans l'inconnu et adopter un mode nouveau offrant uniquement des garanties aléatoires, que l'avenir peut condamner.

Dans ces conditions, n'est-il pas plus sage, plus prudent de maintenir l'organisation actuelle qui n'a donné que de bons résultats, sans soulever plainte, ni grief, sauf en ce qui concerne les détails d'application, plutôt que d'affronter les hasards d'un changement radical, dont un prophète seul pourrait avec certitude prévoir les conséquences.

La base principale et essentielle de l'organisation actuelle est le cens d'éligibilité ; sans lui celle-ci ne peut être maintenue ; le maintien de ce cens est par conséquent la condition nécessaire et indispensable de l'absence de tout bouleversement. Est-il possible, dans de telles circonstances, de le supprimer complètement ?

Mais, tout en le maintenant, on peut le réorganiser dans des conditions plus justes et plus satisfaisantes, car, sous ce rapport, comme les faits l'ont démontré d'une manière irréfutable, l'organisation adoptée par le Congrès est tout-à-fait défectueuse.

L'amélioration essentielle et nécessaire à poursuivre consiste dans la suppression du dernier alinéa de cet article, ou tout au moins il faut rechercher le moyen de rendre son emploi une exception dont rarement il soit fait usage, car c'est lui qui est la source et la cause des nombreuses difficultés que le cens d'éligibilité a fait naître, dont quelques-unes sont juridiquement insurmontables.

Le chiffre de 1000 florins a été fixé comme devant être celui du cens d'éligibilité.

Les faits ont démontré que ce chiffre a toujours été une limite factice et non réelle, car les neuf provinces ont presque toujours eu des éligibles complémentaires, et alors le chiffre de 1000 florins était dépourvu de toute valeur comme limite établissant l'éligibilité.

Sans doute, il est arrivé exceptionnellement que certaine année, dans l'une ou l'autre province, il n'y a pas eu d'éligibles complémentaires, mais cela sans doute n'a constitué qu'une exception excessivement rare. En tous cas, il est essentiel d'examiner ce point par un tableau, que peut facilement dresser le département de l'intérieur, et indiquant pour chaque année, depuis 1831 jusqu'aujourd'hui et dans chacune des provinces, le nombre des éligibles à 1000 florins, celui des éligibles complémentaires et enfin le chiffre du cens minimum. Il établirait qu'avec l'organisation actuelle l'exception, la liste complémentaire, devient la règle générale, tandis que cette règle, le cens unique de 1000 florins, devient une exception presque jamais réalisée.

Cela constitue un vice évident et incontestable ; il démontre que le cens de 1000 florins est à tel point trop élevé que jamais, depuis soixante ans, il n'a pu une fois être appliqué dans la Belgique entière et que toujours sept, huit ou même neuf provinces n'ont pu en faire la base unique de l'éligibilité.

Cette fixation sur le papier n'a donc aucune valeur réelle, puisqu'elle n'a pour ainsi dire jamais pu être appliquée. Autant aurait valu prescrire que le montant des contributions directes des membres du Sénat doit s'élever à 100,000 frs. C'est la réalité qu'il faut avoir en vue et non établir un chiffre n'ayant qu'une valeur entièrement factice.

Avec le tableau précédemment indiqué, il est facile, au moyen d'un calcul fort simple, d'établir en moyenne quel a été le cens minimum réel dans chaque province depuis soixante ans, et par ces chiffres, lesquels ne sont que l'indication de ce qui s'est toujours effectivement passé depuis si longtemps, il est possible d'arriver à déterminer, sur des données positives et sans choisir au hasard, un chiffre autre que l'évaluation fantaisiste de 1000 florins.

Pour apprécier complètement cette question importante de la suppression du dernier alinéa de l'article 56, nous avons d'abord à résumer les débats parlementaires soulevés, soit à l'occasion de la vérification des pouvoirs, soit au sujet de propositions soumises à discussion :

1°. 25 octobre 1831. Le Sénat valide l'élection de M. le comte de Quarré, pour le district de Luxembourg, parce qu'il paie, dans la province de Namur, un cens de 1000 florins, ce qui est constaté non par la liste, mais par un certificat du gouverneur.

2°. 17 et 18 novembre 1832. La validation de l'élection de M. Vandensteen, réélu à Waremme, est ajournée, parce qu'il n'a pas justifié payer le cens d'éligibilité. Elle est validée le lendemain, après justification.

3°. 8 juin et 6 juillet 1833. L'élection de M. Vander Straten, pour la circonscription de Neufchâteau-Virton, est contestée après discussion, parce qu'il n'est inscrit sur la liste des éligibles de la province de Liège que pour un cens de 611 florins, mais elle est validée ensuite parce qu'il justifie d'un cens de 1000 florins.

4°. 22 décembre 1835. L'élection de M. Stroo, à Eecloo, est annulée, parce qu'il ne paie pas le cens d'éligibilité.

5°. 14 et 15 juin 1853. L'élection de M. Van Lempoel, à Bruxelles, est annulée, parce qu'il est jugé avoir son domicile dans le Hainaut et non pas dans le Brabant, et qu'il ne paie pas un cens de 1000 florins.

6°. 11 novembre 1853. Les pouvoirs de MM. le baron Seutin

et Coppyn, élus à Bruxelles, sont validés après discussion. Les centimes additionnels légaux au profit des provinces et des communes doivent être compris dans le cens d'éligibilité et il en résulte que M. le baron Seutin paie plus de 1000 florins d'imposition, mais M. Coppyn n'atteint pas ce chiffre. Il ne figure pas sur la liste des éligibles, de même que l'autre élu, toutefois le total des impôts dont il peut se prévaloir dépasse le cens minimum payé par le moins imposé des deux contribuables inscrits sur la liste complémentaire du Brabant.

7°. 19 et 20 décembre 1855. L'élection de M. Forgeur, à Liège, est contestée, parce que les contributions inscrites au nom de l'élu, comme actionnaire du passage Lemonnier, peuvent ne pas devoir être comprises dans le cens d'éligibilité. La question n'est pas résolue, parce que, sans elles, M. Forgeur paie un cens suffisant.

8°. 13 juillet 1859. L'élection de M. Fortamps, à Bruxelles, est validée après un rapport fortement motivé de M. d'Anethan. Le cens minimum dans le Brabant est de 1656 francs, tandis que M. Fortamps ne paie que 1521 francs. Toutefois, en y ajoutant les 13 centimes additionnels perçus au profit des provinces et des communes en vertu de la loi du 12 juillet 1821, le cens de l'élu s'élève à 1700 francs.

9°. 12 novembre 1863. L'élection de M. Tellier, à Mons, est validée. Dans le Hainaut, tous les centimes additionnels sont comptés pour la formation du cens d'éligibilité, tandis que, d'après la jurisprudence du Sénat, les centimes additionnels généraux, perçus en vertu de la loi, sont seul admis. En déduisant cette majoration indue, l'élu paie le cens requis.

10°. 9 novembre 1869. Validation de l'élection de M. Delecourt, élu sans lutte à Gand. La discussion porte sur ce que l'élu, payant un cens plus élevé que le dernier des inscrits, n'est pas inscrit lui-même.

11°. 29 et 30 août 1870. Élection de M. Crocq annulée et de M. Devadder validée, élus tous deux à Bruxelles. M. Crocq est inscrit sur la liste complémentaire des éligibles du Brabant avec un cens de 1590 francs, tandis que le cens minimum est de 1554 francs, mais tous les centimes additionnels provinciaux et communaux sont compris dans ces chiffres. En n'admettant, selon la jurisprudence, que les 13 centimes légaux, l'imposition de M. Crocq est réduite à 1295 francs, inférieure au chiffre du cens minimum du dernier inscrit. — M. Devadder a été éliminé de la liste des éligibles, lorsqu'elle a été arrêtée définitivement ; il paie un cens de 1560 francs, et le dernier inscrit, porté à tort pour un cens de 1582 francs, ne peut réellement se prévaloir que de 1554 francs d'imposition, chiffre inférieur au cens de M. Devadder.

12°. 15 décembre 1874. Validation de l'élection de M. Balisaux, élu à Charleroi, qui ne paie pas 1,000 florins d'imposition, mais qui, d'après un arrêt électoral de la cour d'appel, est domicilié dans le Hainaut et non à Bruxelles.

13°. 18 décembre 1874. Question de déchéance et d'éligibilité. M. Bergh, sénateur de la circonscription de Neufchâteau-Virton, paie un cens supérieur à celui dont il pouvait se prévaloir au moment de son élection, mais il n'est plus inscrit sur la liste complémentaire des éligibles, par suite de nouvelles inscriptions qui ont majoré le cens minimum. Il est passé à l'ordre du jour sur la requête réclamant la déchéance.

14°. 20 et 21 juin 1877. L'élection de M. De la Roche, à Soignies, est annulée parce qu'il ne paie pas le cens minimum et se prévaut indûment, comme propriétaire de 240 actions nominatives de la société de Strépy-Bracquegnies, sur 8,000 qu'elle a émises, de 3 pour cent des impôts payés par cette société.

15°. 19 août 1878. Validation de l'élection de M. Everaets, sénateur d'Anvers. Il est inscrit sur la liste complémentaire pour un cens de 2.080 frs., tandis qu'on soutient que, pour 1877, il ne peut se prévaloir que d'un cens de 1,474 frs., lorsque le cens minimum de la province d'Anvers en 1877 est de 1,577 frs. Mais la liste des éligibles ne contient que 85 noms, tandis qu'il en faillait 89, et en ajoutant les quatre personnes indiquées par le gouverneur de la province, le cens minimum descend à 1,327 frs. en 1877 et à 1,356 frs. en 1878. De plus, trois personnes inscrites sur la liste sont décédées. La minorité se fonde, avec offre de preuves, sur ce qu'il y a huit contribuables, nominalement désignés et non inscrits, dont les impositions sont plus élevées que celles des quatre contribuables ajoutés, ainsi que de M. Everaets.

16°. 14 novembre 1882. L'élection de M. d'Andrimont, sénateur de Liège, est contestée parce qu'il s'attribuerait indûment une partie des contributions foncière et personnelle de la société anonyme du Hasard; mais il est reconnu que sans elles ce dernier paie le cens requis.

17°. 15 mars 1883. L'élection de M. Cornet, à Soignies, est annulée, parce qu'il s'attribue indûment, pour parfaire son cens d'éligibilité, une partie des contributions foncières, personnelles et patentes de deux sociétés en commandite par actions.

18°. 16 mars 1883. L'élection de M. Bischoffsheim, à Bruxelles, est validée, parce que son domicile est en Belgique et non à Paris.

19°. 19 et 20 avril 1883. L'élection de M. Boël, à Soignies, est validée, bien qu'on invoque que la liste des éligibles au Sénat dans le Hainaut ait été dressée d'une manière irrégulière, dans le but d'établir l'inéligibilité de M. Cornet, son compétiteur, dont le droit est de nouveau discuté.

Il y a eu au Sénat deux discussions spéciales relatives à la question d'éligibilité :

1° Proposition de loi de MM. le baron d'Anethan et le comte de Robiano (20 décembre 1853, 19 décembre 1854, 26 février 1855, 19 décembre 1855 ; — Chambre 23 mars 1857).

Cette proposition avait pour but d'abroger les articles 42 à 48 de la loi du 3 mars 1831, pour les remplacer par des dispotions nouvelles.

Voici quelles étaient les parties importantes de cette proposition :

Trois questions se rattachaient à l'application de l'article 56 de la Constitution : 1° l'admission pour le cens des centimes additionnels légaux, perçus au profit des provinces ou des communes ; 2° la suppression de l'obligation de justifier le payement du cens de l'année antérieure ; 3° l'inscription obligatoire sur la liste de tout éligible payant moins de 1000 florins. Les développements donnés à ces questions, le 20 décembre 1853, par M. d'Anethan, présentent, au point de vue juridique, un grand intérêt et doivent être examinés pour apprécier la solution proposée.

Un article nouveau a été introduit dans le projet par la commission ; il stipulait que celui qui continue à payer le cens pour lequel il était imposé au moment de son élection, continue à rester sénateur, de même que celui qui, cessant de le payer, est encore porté sur la liste des éligibles.

Cette proposition de loi, soumise à la section centrale de la Chambre qui fit rapport, ne fut pas discutée par cette assemblée à cause de la dissolution de 1857.

2° Le 29 mars 1881, M. Van Vreckem, lors de la discussion du budget de l'intérieur, indiqua diverses difficultés d'interprétation que faisait naître l'application de l'article 56 de la Constitution, et particulièrement le cens minimum, lorsque le Sénat avait à statuer sur la validité d'élections contestées, et il proposa de soumettre ces questions à une discussion spéciale, plutôt que d'attendre qu'elles se présentent de nouveau dans l'avenir. Cette proposition fut adoptée et une commission fut nommée pour décider quelle serait dorénavant la jurisprudence du Sénat à cet égard. Un rapport développé de M. De Wandre indique quelles sont les conclusions adoptées par la commission.

Le Sénat, les 25 et 26 janvier 1882, après quelques légères modifications aux nos 5 et 6 du projet primitif, adopta en ces termes les conclusions de la commission :

« 1. La liste des éligibles au Sénat, dressée par la députation permanente, établit l'éligibilité, sauf la preuve contraire, devant le Sénat, lors de la vérification des pouvoirs d'un élu.

« 2. Cette liste entre en vigueur le 1er mai.

« 3. Les conditions d'éligibilité, exigées par la Constitution, doivent exister au moment de l'élection. En conséquence, le Sénat, lors de la vérification des pouvoirs, tient compte de ce que l'élu aurait pu être inscrit sur la liste des éligibles, si la députation permanente l'avait dressée au moment de l'élection.

« 4. Le cens payé pour l'année antérieure à la confection de la liste des éligibles, doit être au moins égal à celui du moins imposé des éligibles, soit de cette année antérieure, soit de l'année courante.

« 5. Est éligible, bien que n'étant pas inscrit sur la liste dressée par la députation permanente, tout citoyen élu, possédant les conditions d'âge, de domicile et d'indigénat exigées par la Constitution et payant un cens au moins égal à celui attribué par cette liste au dernier inscrit. Est éligible l'élu inscrit qui, quoique payant un cens inférieur à celui attribué par la députation permanente au dernier inscrit, paie un cens au moins égal à celui attribué par elle au premier inscrit de la liste supplémentaire.

« 6. Si l'élu, inscrit ou non inscrit, prouve que le cens attribué par la députation permanente au dernier inscrit doit être réduit à une somme inférieure à celle que l'élu paie réellement, celui-ci sera éligible, à moins qu'il ne soit primé, sauf la preuve contraire, par des inscrits de la liste supplémentaire.

« 7. Peut rester sénateur celui qui continue à payer le cens d'éligibilité pour lequel il était imposé au moment de son élection.

« 8. Pour faciliter au Sénat la vérification des pouvoirs des élus, la députation permanente du conseil provincial dresse chaque année, indépendamment de la liste complémentaire prescrite par l'article 194 du code électoral, une liste supplémentaire des dix citoyens les plus imposés après le dernier inscrit, et possédant, indépendamment du cens, les autres conditions d'éligibilité au Sénat. »

Il est naturellement nécessaire d'examiner d'une manière plus approfondie, au point de vue juridique, les nombreuses questions mentionnées ci-dessus. On peut les diviser en deux catégories : la première concernant le cens d'éligibilité en général, la seconde s'appliquant aux difficultés que fait naître la liste complémentaire des éligibles et par conséquent le dernier alinéa de l'article 56 de la Constitution.

Il est superflu de s'occuper ici des discussions qui ont eu lieu, lors de la vérification des pouvoirs, au sujet du droit de compter telle ou telle contribution pour parfaire le cens d'éligibilité ; ce sont là des questions légales et non constitutionnelles, qui n'ont aucun rapport avec le texte de l'article 56.

Mais il n'en est pas ainsi pour celle qui concerne les centimes additionnels provinciaux et communaux, parce que c'est le texte constitutionnel même qui a été l'argument invoqué pour faire admettre pendant si longtemps la jurisprudence primitive du Sénat.

La loi fiscale du 12 juillet 1821 (qui n'est plus sous ce rapport obligatoire), a établi que les provinces et les communes auraient à créer un nombre de centimes additionnels aux contributions directes s'élevant ensemble à treize ; ce sont ceux-là seulement que le Sénat, jusqu'en 1872, comprenait dans le cens d'éligibilité.

Voici les arguments qu'a développés M. d'Anethan à propos de cette question : la Constitution déclare éligible au Sénat le citoyen payant 1000 florins d'impôts directs ; c'est là un droit absolu et sans restriction auquel il n'est pas permis au législateur de porter atteinte ; les centimes additionnels ont la même nature que l'impôt direct auquel ils sont attachés ; établis par une loi, ils ont le caractère de l'impôt et l'uniformité nécessaire pour éviter l'inégalité ou le privilège.

Pour la même cause : le texte de l'article 56 ne permettant pas d'y rien ajouter, M. d'Anethan n'admettait pas non plus qu'il fût possible d'exiger de l'éligible la condition du payement du cens de l'année antérieure, interprétation que le Sénat a admise en adoptant la proposition de loi précitée, mais n'a jamais appliquée. Quand par la loi du 9 juillet 1877 la biennalité du cens électoral fut rétablie, l'article 53 de cette loi faisait à cet égard une restriction pour le cens d'éligibilité, afin qu'il ne puisse pas être exigé pendant les deux années antérieures, mais seulement pendant une seule.

Comme il est toujours préférable de mettre le texte d'accord avec la jurisprudence, on peut, si celle qui est suivie actuellement est maintenue, modifier en ces termes le texte primitif :

« Verser au trésor de l'état, tant l'année courante que l'année antérieure, au moins ..... frs d'impositions directes. »

Les mots « patentes comprises », utiles en 1831 parce que les patentes, sous le régime hollandais, n'étaient pas admises dans le cens électoral, sont devenus aujourd'hui superflus, puisqu'il en est autrement depuis plus d'un demi-siècle.

Nous avons précédemment indiqué les raisons pour lesquelles il serait désirable et utile que le Sénat fût ouvert non seulement à la richesse, mais aussi à des hommes pratiques joignant la science à l'expérience des affaires.

Les garanties à rechercher pour la composition de cette assemblée doivent évidemment pouvoir se rencontrer là aussi bien que parmi les fortunes considérables. C'est le choix des titres pouvant rendre aptes à occuper les fonctions de sénateur qui est ici le point principal, question d'appréciation plutôt que juridique ; il est toutefois évident que personne ne pourrait ni soutenir, ni démontrer que l'admission d'éligibles capacitaires, qu'il est possible d'étendre ou de restreindre dans les limites qu'on jugera nécessaires, pourrait enlever au Sénat le caractère de pouvoir modérateur qui doit lui être réservé.

C'est au n° 5 de l'article 56 que devrait être ajoutée cette clause nouvelle, à laquelle s'attache une grande importance, en raison des bons résultats qu'elle peut produire.

Sa rédaction est fort peu importante, sauf en ce qui concerne les désignations que cet alinéa doit contenir : « Sont en outre éligibles, sous les conditions précitées, à l'exception de celle du cens, ceux qui...... » Suit ensuite l'indication de ceux qu'on jugerait aptes à être éligibles, avec mention du temps exigé de la fonction ou de la profession pour justifier l'expérience requise.

Nous avons maintenant à aborder l'examen des nombreuses

difficultés qu'amène l'application du dernier alinéa de l'article 56, dont, pour ce motif, la suppression est tant à souhaiter. Il suffit d'ailleurs de lire les conclusions de la commission, adoptées en 1882, pour juger à quel point il serait désirable de ne pas maintenir une source continuelle d'interprétations de tous genres, qui se font d'après les circonstances, lors de la vérification des pouvoirs, et qui, il faut le dire, ont la plupart du temps une valeur juridique égale aux arguments tirés de la jurisprudence, attendu que, même pour celle-ci, il est impossible, quant à ces questions, de trouver une solution irréprochable.

Il est d'abord une question de principe, devenue aujourd'hui un texte de loi, qui a soulevé des protestations de plusieurs législateurs : l'éligible inscrit sur la liste complémentaire d'une province, est-il éligible dans une autre ? L'article 225 des lois électorales (C de la loi du 16 mai 1878), décide le contraire, conformément à la jurisprudence toujours suivie par le Sénat.

MM. Pirmez et Muller, à deux reprises différentes, ont incidemment protesté contre celle-ci, affirmant qu'en Belgique, il ne peut constitutionnellement y avoir plusieurs catégories d'éligibles.

A ce point de vue, il est clair qu'aucune disposition constitutionnelle ne déroge au principe de l'égalité des Belges possédant les conditions requises de l'éligibilité au Sénat. Cette interprétation violerait donc un principe de la Constitution.

Mais comment faire autrement ? Supposons que dans les neuf provinces le cens minimum soit de 1000 frs, 1100 frs, 1200 frs, etc Dans ces conditions et pour se conformer aux idées qui viennent d'être indiquées, il faudrait admettre comme éligible *partout* le Belge payant 1000 francs d'impositions, et il en résulterait l'abrogation implicite du texte fixant le cens à 1000 florins, ce qui serait certainement inconstitutionnel.

On est donc forcé de violer la Constitution et l'on choisit naturellement la manière la moins apparente. Cela arrive fréquemment avec l'alinéa final de l'article 56.

Comme application de cet article et particulièrement de son dernier alinéa, les députations permanentes, dans chaque province, ont à former avant le 1er mai, époque où elles entrent en vigueur, trois listes distinctes ou plutôt une seule liste comprenant trois parties différentes :

1° La liste des éligibles payant un cens de 1000 florins (2116 fr. 40 c.).

2° La liste *complémentaire* des éligibles comprenant les contribuables payant moins de 1000 florins, dans la proportion, avec les précédents, de 1 sur 6,000 habitants.

3° La liste *supplémentaire* sur laquelle sont inscrits les dix contribuables non éligibles qui, après le moins imposé des inscrits de la précédente liste, payent la plus forte somme de contributions.

Par la suppression du dernier alinéa de l'article 56, la formation de la liste, fort compliquée aujourd'hui, deviendrait d'une simplicité extrême ; il suffirait d'y porter uniquement les noms de ceux qui payent le cens requis, quel que soit le nombre de ceux-ci.

La somme d'impôts payée par le moins imposé des éligibles, c'est-à-dire le dernier inscrit de la liste complémentaire, forme ce qu'on appelle le *cens minimum*, cause de la plupart des difficultés et des contestations que font naître les complications nombreuses qui en sont la conséquence.

Il y avait d'abord un point important à décider : faut-il être inscrit sur la liste pour être éligible ? La jurisprudence constante du Sénat a décidé cette question négativement (11 novembre 1853, 20 décembre 1855, 13 juillet 1859, 12 novembre 1863, 9 novembre 1869, 30 août 1870).

Au point de vue théorique, le Sénat, d'après l'article 34 de la Constitution, est omnipotent en ce qui concerne la vérification des pouvoirs de ses membres, et il ne peut appartenir aux députations permanentes, par des décisions prises relativement à ces listes, d'empêcher le Sénat de pouvoir apprécier en toute liberté si un élu réunit ou non les conditions d'éligibilité requises par la Constitution.

Telle est la base juridique sur laquelle repose cette jurisprudence, laquelle, comme on le verra plus loin, est, comme application, cause de nombreuses difficultés provenant de l'alinéa final de l'article 56.

Toutefois, le 19 décembre 1855, le Sénat a voté l'article 11 de la proposition de loi de MM. d'Anethan et de Robiano, ainsi conçu : « Les habitants payant une quotité d'impôts inférieure à 1000 florins ne sont éligibles que s'ils sont inscrits sur la liste supplémentaire (aujourd'hui complémentaire) de la province où se fait l'élection ». M. d'Anethan a développé les arguments suivants à l'appui de cet article.

D'après les termes de la Constitution, les citoyens dont le cens est de 1000 florins, sont éligibles, mais il ne résulte pas de ce texte que ceux dont le cens est inférieur ont le droit absolu au même avantage ; il est dit simplement que la liste *sera complétée par les plus imposés de la province*, ce qui fait que ces derniers ne sont éligibles que s'ils complètent la liste, c'est-à-dire s'ils sont inscrits sur celle-ci.

Si pareille jurisprudence avait été admise, elle eût été certainement beaucoup plus facile à appliquer par le Sénat qui n'aurait plus eu à vérifier l'exactitude des inscriptions et à tenir compte de la place à donner aux non-inscrits, ce qui, la plupart du temps, est impossible à faire exactement par une assemblée parlementaire. Seulement, le droit que le Sénat tient de l'article 34 n'aurait-il pas subi une grave atteinte ?

La section centrale de la Chambre des représentants a été plus loin (*Ann. parl.* 1856-57, p. 1336). Elle voulait que l'inscription comme éligible devînt un droit et fût assimilée à l'inscription comme électeur. « L'inscription, dit ce document, deviendrait ainsi la véritable preuve de l'éligibilité ; cela faciliterait la marche des opérations électorales et simplifierait aussi la vérification des pouvoirs. Il est évident que sans toucher au *droit d'éligibilité considéré en lui-même*, le pouvoir législatif peut déterminer les moyens de justification et les formalités destinées à régler l'*exercice de ce droit.* »

Ni l'une, ni l'autre de ces règles ne pourrait être rigoureusement appliquée au point de vue constitutionnel, d'abord, quant à la dernière, parce que l'inscription sur la liste n'est pas comprise parmi les conditions d'éligibilité et que le législateur ne peut en ajouter de nouvelles.

Quant à toutes trois, ni l'une ni l'autre ne peut éviter l'inobservation de la proportion mathématique et exacte fixant le nombre des éligibles à un chiffre incontestable : 1 sur 6000 habitants.

Quant à celle d'après laquelle l'inscription n'est pas nécessaire, il suffit de répéter ce que disait M. d'Anethan pour établir les résultats qui en sont la conséquence. Tout inscrit sur la liste peut ne l'être qu'au moyen d'une partie de ces contributions, et non de la totalité ; cela est même fréquent (ainsi que le prouvent les élections citées n°s 1 et 3 ci-dessus). En conférant le droit d'éligibilité à un citoyen non inscrit, il faut écarter le moins imposé de la liste ; on s'expose alors à commettre une injustice en privant de son droit une personne à qui l'on ne donne ni le temps ni le moyen d'invoquer ses titres à être maintenue sur la liste ; ou bien on viole la proportion établie pour fixer le nombre d'éligibles.

Par les autres règles d'après lesquelles l'inscription est la condition de l'éligibilité, il en résulte, du moment où la députation omet un nom parmi les plus imposés, ce qui doit être fréquent, que le dernier inscrit n'est plus constitutionnellement éligible puisqu'il dépasse la proportion prescrite, et néanmoins légalement son droit ne serait pas contestable.

On voit par ce qui précède à quel degré l'application du dernier alinéa de l'article 56 fait naître des difficultés, que vainement on a cherché à résoudre.

Comme conséquence de la jurisprudence du Sénat, la liste des éligibles n'est considérée que comme une indication, un simple renseignement, ce qui la distingue des listes électorales. Aussi depuis 1872, le recours en cassation, qui existait contre les décisions des députations relatives à ces listes, a-t-il été supprimé.

Il est clair qu'une simple indication, ni un renseignement ne peuvent seuls conférer un droit ; il leur est possible, selon leur valeur, de servir à l'établir, mais leur action ne doit ni être directe, ni surtout être unique.

Néanmoins, d'après la commission de 1 81, la liste établit le droit d'éligibilité, sauf preuve contraire ; par conséquent, de ce simple renseignement dérive un droit révocable dans certaines conditions.

Il est clair que, forcément, on est obligé de reconnaître une certaine valeur juridique à la liste, et cela parce que le Sénat est dans l'impossibilité absolue la plus évidente et la plus incontestable de former ou de vérifier celle-ci pour la rendre conforme aux règles constitutionnelles.

Si, par exemple, une province a 600,000 habitants, la liste des éligibles doit comprendre 100 noms, pas un de plus, ni un de moins, ce qui est le vice essentiel de ce texte, comme nous l'indiquerons plus loin.

Le Sénat, naturellement, n'a pas à former cette liste, puisque la députation permanente en est chargée par la loi ; mais doit-elle la reviser, et cela au moment de la vérification des pouvoirs ?

Sous aucun rapport cela n'est possible.

Cependant, cette vérification ou plutôt revision peut être indispensable. Si, par exemple, le centième des inscrits dont il est question ci-dessus a été élu, tandis que des pièces déposées constatent que plusieurs contribuables non inscrits sont plus imposés que lui, il en résulte à toute évidence, par le texte même de la Constitution, que le centième inscrit n'est plus éligible, mais à une condition : il faut pour cela que parmi les quatre-vingt-dix-neuf inscrits précédents, il n'y ait pas de faux éligibles, car, s'il en était ainsi, l'élu conserverait son droit. C'est donc une revision complète de la liste qui est ici nécessaire.

Celle-ci peut-elle être exacte après cette revision ? Le Sénat n'a aucun moyen pour obliger celui dont l'inscription sur la liste est attaquée, à justifier son droit. N'est-il pas présumable même que cet inscrit cherchera à induire en erreur, s'il peut ainsi favoriser l'admission irrégulière d'un ami politique ?

On sait que les règles établies relativement aux contestations pour le cens électoral sont également applicables au cens d'éligibilité : la possession des bases et le payement du cens se justifient par tous les moyens de droit, et parmi ceux-ci se trouvent l'enquête et l'expertise ; la présomption résultant de l'inscription au rôle des contributions peut être détruite par la preuve contraire ; on est aussi en droit de se prévaloir des contributions inscrites erronément au nom d'un tiers ; il existe ensuite une foule d'autres règles inutiles à citer ici ; il suffit de rappeler que chaque année les cours d'appel consacrent un temps considérable à l'examen des contestations électorales.

Il est absolument impossible au Sénat de suivre une telle voie en ce qui concerne les éligibles. Une revision pareille, rendue même nécessaire comme vérification, est certainement impraticable ; nul ne peut le contester.

De plus, le Sénat devrait se livrer à ce laborieux travail au moment de la vérification des pouvoirs, et cela pour décider si tel élu doit être ou non considéré comme éligible.

L'expérience a démontré que partout, généralement, chacun des partis examine les contestations qui se présentent à ce sujet, non pas comme un juge cherchant à discerner celui qui a raison ou tort, mais comme l'avocat désireux de trouver des moyens à invoquer pour défendre son client. Cependant, au point de vue du droit des tiers, il importe qu'aucune considération étrangère ne vienne modifier la situation dans un but uniquement politique.

Cette vérification est tout aussi impossible que l'obstacle signalé précédemment ; il n'existe donc aucun moyen pour le Sénat de pouvoir appliquer, selon ses termes, le dernier alinéa de l'article 56.

Il en est surtout ainsi lorsqu'il s'agit du cens minimum dont il vient d'être question. M. Van Vreckem voulait que les députations eussent le droit de le fixer d'une manière irrévocable. Sans doute, le Sénat, comme il vient d'être dit, n'a ni le temps ni le moyen de parvenir à le déterminer d'une manière incontestablement exacte, mais est-il certain que le chiffre établi par chacune des députations permanentes offre, sous ce rapport, les garanties indispensables ?

Du moment où les listes n'ont d'autre valeur juridique que celle d'un renseignement, personne n'a intérêt à y être inscrit, puisque, sans cette inscription, l'éligibilité peut être acquise. De plus, celui dont l'une ou l'autre contribution est contestable, a plus d'avantage à faire examiner celle-ci par le Sénat que par la députation permanente qui dispose de plus de temps et de moyens pour en vérifier l'exactitude Dans ces conditions, les omissions sont probables, si pas certaines ; or, dans l'hypothèse précédente d'une liste devant contenir 100 noms, si le centième a un cens de 1000 frs., tandis que trois contribuables plus imposés ont été irrégulièrement omis, ce cens minimum de 1000 frs. est inconstitutionnel, de même que celui des deux précédents qui sont indûment inscrits, et c'est celui du quatre-vingt-dix-septième de la liste, s'élevant par exemple à 1100 frs. qui est le cens minimum réel.

L'obligation de déterminer d'une manière certaine et exacte quel est le dernier inscrit de la liste, présente des difficultés, qu'avec raison on peut appeler insurmontables.

La commission de 1881 a cherché divers moyens de parvenir à vaincre celles-ci, mais vouloir trouver des règles générales n'est pas ici possible, parce que dans la plupart des cas, on ne peut juger la situation que d'après les circonstances.

Comme application de la jurisprudence constante du Sénat, la commission a décidé que tout élu non inscrit sur la liste est éligible, dès qu'il paye un cens au moins égal à celui du dernier inscrit de cette liste.

Néanmoins, cette solution peut devenir incontestablement inconstitutionnelle, comme l'indique l'exemple suivant :

Dans une province, la liste doit comprendre cent inscrits, et le centième paie un cens de 1000 frs. Un sénateur est à élire et pour le siège vacant, il y a deux concurrents, ni l'un ni l'autre portés sur la liste.

Pierre, dont le cens est de 1010 frs., l'emporte sur Paul son compétiteur, et comme son cens est de 10 frs. plus élevé que celui de Jacques, centième et dernier inscrit de la liste des éligibles, son admission, d'après la règle précédente, n'est pas contestable.

Seulement, son concurrent Paul, qui n'a pas réussi, envoie au Sénat les pièces qu'il aurait dû produire s'il avait été élu et qui établissent que son cens s'élève à 1020 frs., plus élevé que celui de Jacques centième inscrit, inférieur à celui de Joseph, l'inscrit précédent payant 1050 frs.

D'après la Constitution, il ne peut y avoir que cent éligibles choisis parmi les plus imposés de la province ; Paul est le centième et Pierre le cent-et-unième, donc la Constitution ne permet pas que Pierre soit admis, tandis qu'il doit en être ainsi d'après la jurisprudence de 1882 du Sénat. Celle-ci, dans ce cas, est donc inconstitutionnelle.

Ainsi, voilà la solution jugée la plus juridique, qui peut même devenir inconstitutionnelle ; cela prouve combien le texte du dernier alinéa de l'article 56 est défectueux.

Son vice réel consiste en ce qu'il fixe un nombre d'éligibles déterminé par une opération devant produire un chiffre exact et immuable, qu'une unité même ne peut ni augmenter ni diminuer, sans s'écarter des prescriptions constitutionnelles. Il est absolument impossible, tant aux députations permanentes qu'au Sénat lui-même, d'avoir la certitude qu'aucune omission n'existe. Or, dès qu'il y en a, même une seule, le cens du dernier inscrit n'a aucune valeur, puisque celui-ci ne peut figurer sur la liste, si l'on veut observer la Constitution. Néanmoins, c'est ce cens, n'offrant aucune garantie d'exactitude, pour la cause ci-dessus indiquée, que la commission prend pour base, afin de résoudre les difficultés qui se présentent, et aussi, sans doute, parce qu'on n'a pu trouver aucun moyen meilleur.

Il est à remarquer que la décision du Sénat relative à l'admission de M. Coppyn en 1853 repose sur une base fausse quant à l'application du texte de l'article 56. Il y avait deux inscrits sur la liste complémentaire du Brabant et le cens minimum est celui du deuxième de ces inscrits. C'est sur ce cens minimum qu'on se fonde pour justifier la décision ; or, ni l'un ni l'autre des deux élus n'était inscrit sur la liste, et leur admission comme sénateur doit, d'après le texte constitutionnel établissant un nombre maximum d'éligibles, rendre nulle l'inscription des deux personnes portées sur la liste complémentaire, tandis qu'ici le cens de M. Coppyn est supérieur à celui du dernier des inscrits, sans tenir compte du premier, dont le cens peut être plus élevé que celui de l'élu.

C'est surtout la discussion relative à l'élection d'Anvers de 1878 qui montre à quel point le dernier alinéa de l'article 56 peut ou plutôt doit donner lieu à une décision juridiquement irrégulière, quelle que soit la solution adoptée.

M. Everaets, élu, était porté sur la liste des éligibles pour une imposition de 2080 frs., mais il ne pouvait, affirmait-on, se prévaloir pour l'année précédente que d'un cens de 1474 frs., tandis que le cens minimum de cette année était 1577 frs. Toutefois, la liste devait comprendre 89 noms, tandis qu'elle n'en contenait que 85, et en ajoutant quatre contribuables désignés par le gouverneur, le cens descendait à 1327 frs. en 1877 et à 1356 frs. en 1878 ; il y avait en outre trois éligibles décédés. Si l'on ne tient compte que de ces faits, M. Everaets était constitutionnellement éligible. En effet, d'après le texte de l'article 56, les 89 contribuables les plus imposés de la province d'Anvers étaient éligibles, et l'élu doit être rangé dans cette catégorie.

Seulement, il est reconnu par la jurisprudence que la liste des éligibles ne constitue qu'un renseignement, d'où il résulte que son exactitude ne peut constituer qu'une présomption, devant nécessairement être détruite par la preuve contraire. Or, huit contribuables, omis de la liste, étaient nominalement désignés au Sénat, avec offre de preuves, comme payant chacun une somme d'impôts supérieure à celle des quatre personnes ajoutées ainsi que de l'élu, qui, si ce fait avait été établi, devenait non plus le 89e imposé de la province, mais occupait un rang dépassant le 90e, ce qui, constitutionnellement, ne lui permettait plus d'être éligible.

Pour que cette dernière solution puisse être admise, il faut qu'il soit incontestablement établi que l'élu ne pouvait être rangé parmi les 89 plus imposés de la province ? Cela est-il juridiquement possible à faire par le Sénat ? Evidemment non, et c'est ce qui condamne absolument la disposition constitutionnelle dont il est ici question.

Les contribuables dont il s'agit n'ont d'autre moyen de preuve que celui de produire des extraits-avertissements constatant qu'ils ont payé la somme d'impôts indiquée par ces pièces. Mais nul ne peut, d'après la législation électorale, se prévaloir d'un impôt sans en posséder la base, et rien n'est établi à ce sujet ; de plus l'inscription au rôle des contributions, d'après la jurisprudence, ne constitue qu'une simple présomption et non une preuve. Pour établir juridiquement le droit incontestable des huit contribuables omis, le Sénat devrait se substituer à la députation et permettre à des tiers de contester, selon les prescriptions légales, les contributions qu'invoquent ceux qui prétendent devoir être inscrits, ce qui déjà est impraticable.

Mais cela ne suffirait pas. En supposant qu'il soit parfaitement établi que ces huit contribuables sont constitutionnellement éligibles et que, pour cette cause, M. Everaerts ne figure plus parmi les 89 plus imposés, il peut aussi arriver que, si des personnes ont été indûment omises, d'autres ont été irrégulièrement inscrites pour une somme d'impôts supérieure à celle qu'elles peuvent invoquer. Dans ces conditions, il faudrait reviser la liste entière, ce qui n'est pas praticable, d'autant plus que les amis politiques de l'élu chercheraient sans doute à se faire rayer, pour que l'inscription de ce dernier fût certainement admise.

Cela démontre de la façon la plus évidente l'impossibilité qui existe dans ce cas pour le Sénat de pouvoir parvenir à donner à cette difficulté une solution qui soit certainement d'accord avec les règles établies par la Constitution.

C'est cependant l'omission de contribuables ayant droit de figurer sur la liste, dont on s'inquiète si peu, qui constitue l'obstacle principal à l'application exacte du dernier alinéa de l'article 56. Et l'on doit reconnaître que ces omissions sont inévitables du moment où l'inscription sur la liste n'a pour ainsi dire aucune valeur.

Comme nous venons de le dire, toute omission constatée doit faire disparaître l'inscription du dernier inscrit ; celle-ci est certainement nulle puisqu'elle dépasse la proportion constitutionnelle. Le cens de cet ex-éligible ne peut plus alors servir de base pour constater le droit de l'élu.

Quant à la liste supplémentaire, créée par la loi du 21 février 1883 et contenant les noms de dix contribuables appelés à remplir le rôle d'éligibles suppléants, elle ne présente aucune utilité en ce qui concerne les omissions. Par exemple, dans le cas suivant, il n'est nullement établi, comme le dit le n° 5 des conclusions de 1882, qu'on soit constitutionnellement éligible en payant un cens supérieur à celui du premier des suppléants. Si un contribuable omis prouve qu'il paye des impositions plus élevées que ce dernier et que l'élu, la Constitution s'oppose à ce que cet élu soit reconnu comme éligible.

L'application du n° 6, ayant la même base juridique, peut par conséquent aussi amener une solution inconstitutionnelle, écueil que l'on rencontre si souvent ici, ce qui démontre combien il est nécessaire de chercher à détruire ce mal à sa source.

On ne saurait assez répéter que quand il doit y avoir un nombre d'éligibles fixé par un chiffre précis, tandis que l'omission de contribuables à inscrire doit être fréquente, il est impossible de parvenir à appliquer exactement une disposition semblable, ni à trouver moyen de résoudre convenablement les difficultés nombreuses qui doivent en résulter.

La liste supplémentaire, dont il vient d'être question, peut aussi amener une solution inconstitutionnelle.

Si l'un des éligibles meurt, laissant comme unique héritier son fils âgé de plus de 40 ans, la liste contiendra ainsi un nom de moins, et d'après la jurisprudence elle n'a d'autre valeur que celle d'un renseignement. Néanmoins, il en résultera que le premier des suppléants deviendra éligible, tandis que constitutionnellement il n'en sera pas ainsi, puisque le fils de l'éligible décédé possède incontestablement ce droit, quoique non inscrit.

L'un des vices les plus évidents de la disposition établissant un nombre fixe et permanent d'éligibles, dont le cens au dernier doit servir de limite à l'éligibilité, c'est celui par lequel ce cens minimum varie chaque année, ce qui donne au droit lui-même un caractère d'instabilité pouvant avoir des conséquences inadmissibles.

C'est ainsi qu'un sénateur, reconnu éligible lors de la vérification des pouvoirs, peut, par le fait de nouvelles inscriptions, ne plus être inscrit, l'année suivante, sur la liste complémentaire, bien qu'il continue à payer le même cens qu'au moment de son élection. Or, d'après les termes de l'article 56, pour rester sénateur, il faut continuer à posséder toutes les conditions d'éligibilité et par conséquent demeurer inscrit sur la liste. Mais le Sénat a compris que cette règle très sage ne pouvait être soumise à des variations devant éventuellement, dans de larges limites, changer brusquement l'état de choses antérieur ; aussi, à trois reprises différentes, a-t-il décidé, que le sénateur, qui a conservé quant au cens la situation qu'il avait au moment de son élection, ne doit pas subir la déchéance, bien qu'il ne soit plus éligible.

Cette solution, aujourd'hui incontestable et fort juste, constitue néanmoins une dérogation à la règle établie par le texte même de l'article 56, dérogation rendue nécessaire par les conséquences que peut produire le dernier alinéa de cet article.

Les nombreux vices et défauts de cette disposition, que nous avons précédemment énumérés, tout en omettant sans doute beaucoup d'entre eux, indiquent combien il serait utile et nécessaire de supprimer celle-ci dans le texte nouveau, si le cens d'éligibilité est maintenu.

Pour arriver à ce résultat, il existe plusieurs moyens.

Le plus simple consiste à établir, d'après des calculs faits selon les chiffres du tableau précédemment mentionné, un cens fixe pour chaque province, et non plus pour le pays entier. Il serait ainsi différentiel et non uniforme, mais c'est ce qui existe en fait, depuis 1831, et il n'en résulterait en réalité aucun changement. On pourrait facilement établir une moyenne par le tableau susdit, de manière à fixer le chiffre du cens pour chaque province, afin qu'il n'y eut plus besoin de listes ni complémentaire, ni supplémentaire, soit en maintenant et en régularisant ainsi la moyenne du cens minimum antérieur, soit en abaissant celle-ci, selon la volonté des constituants.

Par ce changement, lors de la vérification des pouvoirs, le Sénat n'aurait plus qu'à vérifier uniquement si le cens de l'élu atteint le chiffre prescrit, sans voir s'élever des contestations de tous genres et des difficultés de toutes les espèces ; sans surtout avoir à s'inquiéter du cens payé par d'autres inscrits, complètement étrangers à la question soumise à l'assemblée.

De plus, la confection de cette liste unique par la députation permanente ne soulèverait aucune difficulté ; de même que la jurisprudence, d'après laquelle elle n'est qu'un simple renseignement, n'offrirait plus le moindre inconvénient.

Ce cens différentiel donnerait lieu à une petite difficulté juridique, assez facile à résoudre d'après les précédents. Supposons que le cens du Brabant soit fixé à 1500 francs et celui du Hainaut à 1400 ; il en résulterait que tout Belge payant 1400 francs d'impôts est éligible dans cette dernière province, tandis que celui qui paie la somme susdite, c'est-à-dire moins de 1500 francs, n'est pas éligible dans le Brabant.

Le calcul destiné à établir le cens exigé dans chaque province est tout-à-fait élémentaire ; il est aussi basé sur des données sérieuses : les résultats donnés par plus de soixante années d'expérience.

Toutefois, si l'on préfère conserver un cens uniforme pour le pays entier, il est encore possible d'y arriver par un calcul fait d'après le tableau susdit, et en réduisant le cens général dans des proportions considérables.

Enfin, si par ce dernier procédé on redoute de causer du préjudice à certaines provinces et qu'on veuille maintenir pour elles une garantie devant toujours leur assurer un minimum d'éligibles numériquement établi, il faudrait tout au moins améliorer la disposition actuelle, d'abord en rendant son usage le moins fréquent possible, ensuite en modifiant la règle qui lui sert de base.

L'article 9 de la loi communale (16 des lois électorales) est ainsi conçu : « Dans les communes ayant moins de 25 électeurs communaux payant le cens requis, ce nombre est complété par l'inscription des habitants les plus imposés. »

Ce texte est conforme, comme principe, à celui qui est appliqué par le dernier alinéa de l'article 56 de la Constitution ; dans les deux cas, c'est un nombre déterminé qu'il faut atteindre. Ainsi chaque demande d'inscription nouvelle met ici indirectement en cause le droit d'un électeur étranger à la constatation, et il en est de même en sens inverse de toute demande de radiation (1). C'est là une source de complications inutiles et nuisibles, que l'on évite en grande partie par l'adoption du mode appliqué par l'ancien article 6 de la loi provinciale (13 du code électoral), abrogé parce qu'il n'existe plus aucun canton ayant un si petit nombre d'électeurs.

Cet article est ainsi conçu : « Dans les cantons où le nombre d'électeurs inscrits sur les listes électorales de l'année précédente serait inférieur à 70, la députation du conseil provincial ordonnera la formation de listes supplémentaires. Seront portés sur les listes supplémentaires les individus réunissant les qualités requises pour être électeurs, et payant au trésor de l'état au moins les 4/5 du cens électoral, si le nombre d'électeurs s'élève à 40, et ceux payant les 3/5, si le nombre d'électeurs est inférieur à 40 ».

Ainsi le résultat qu'on obtiendrait est pour ainsi dire semblable au précédent ; mais la question est généralisée en mettant à l'écart l'examen des impositions individuelles devant décider du droit des tiers, et en outre les contestations deviennent beaucoup moins compliquées.

---

(1) Voir *Pandectes*, V° *Cens électoral*, n°s 180 et suivants.

On pourrait, en appliquant cette règle au Sénat, supprimer ces fractions et les remplacer par des chiffres plus simples : il faut, par exemple, 100 inscrits, et le cens requis n'en donne que 90 ; on réduit celui-ci de 100 frs. et tous les contribuables payant ce cens réduit sont inscrits, quel que soit leur nombre, pourvu qu'il atteigne 100 ; quand il ne dépasse pas 95, on procède à une seconde réduction de 100 frs. S'il y a ainsi 102 éligibles, ce chiffre atteint la proportion requise, et l'on est alors dispensé de discuter, comme aujourd'hui, les centimes compris dans les impôts du dernier inscrit.

Sans doute, les contestations ne sont pas par là rendues impossibles. Mais tout au moins deviennent-elles plus rares et surtout moins méticuleuses qu'actuellement.

Voici, conformément à l'exemple précédent, comment la rédaction de l'alinéa final de l'article 56 pourrait être modifiée, dans l'hypothèse où le cens général serait fixé à 1000 frs., et en remplaçant le chiffre 6000 de la proportion par celui de 5000, préférable au précédent. Cela fait 2 éligibles par 10,000 habitants, ce qui n'est certes pas trop :

« Dans toute province où le nombre total des éligibles est inférieur à la proportion de 1 sur 5,000 habitants, le cens minimum, dans celle-ci, est réduit à 900 frs., et à 800 frs., lorsque cette première réduction est insuffisante pour atteindre la proportion susdite. Les citoyens inscrits sur cette liste supplémentaire ne sont éligibles que dans la province où ils ont leur domicile. »

Le mot *total*, ici ajouté, n'est nécessaire que dans le cas désirable où, indépendamment des éligibles censitaires, il y aurait aussi des éligibles capacitaires.

Il importe d'indiquer la grande différence qui résulte de l'application des deux règles opposées dont il est ici question.

Supposons qu'il doive y avoir cent éligibles dans une province, mais que dix contribuables, possédant constitutionnellement ce droit, aient été irrégulièrement omis.

Avec la règle fixant le cens normal pour chacune des provinces, sans liste complémentaire, cette omission est sans importance et ne peut avoir aucun effet, attendu que si l'un de ceux qui est irrégulièrement omis devient sénateur, il sera considéré comme éligible dès qu'il aura prouvé avoir payé le cens requis. Tout au contraire, aucun citoyen ne peut être admis s'il ne fait pas cette preuve.

Pas moyen, par conséquent, que, pour cette cause, aucune irrégularité se produise.

Qu'arriverait-il, dans ce cas, avec la règle actuelle ?

D'abord, au lieu des dix contribuables omis et payant constitutionnellement le cens voulu, la députation permanente en inscrirait erronément dix autres sur la liste, tandis que, cette erreur constatée, le texte constitutionnel s'oppose à ce que le droit de ces derniers soit maintenu.

En second lieu, le cens minimum, formant pour les non-inscrits la limite du total des contributions à justifier pour pouvoir être élu, deviendrait le cens du cent-dixième contribuable le plus imposé, tandis que, d'après l'article 56, c'est uniquement celui du centième qui peut ici être pris en considération.

En troisième lieu, le Sénat, d'après la jurisprudence par lui adoptée, peut être obligé d'admettre comme éligible un citoyen qui ne l'est pas d'après le texte constitutionnel, si ce dernier prouve qu'il paye un cens supérieur à celui du dernier inscrit, c'est-à-dire du cent-dixième contribuable, tandis qu'il faut occuper au moins le centième rang pour posséder régulièrement les conditions requises.

Ce dernier exemple démontre d'une manière évidente les avantages du changement à introduire et les vices incontestables qui résultent du texte actuel.

CHAPITRE VI. — La déchéance.

L'article 56 de la Constitution commence en ces termes : « Pour pouvoir être élu et *rester* sénateur, il faut : . . . . . »

Les conditions d'éligibilité sont requises par conséquent non seulement pour obtenir ce mandat, mais aussi pour pouvoir le conserver. C'est là une stipulation d'une grande importance juridique, d'autant plus que rien n'est établi en ce qui concerne son exécution ; que, de plus, elle existe pour les sénateurs et non pour les représentants.

Il en résulte que le sénateur qui a cessé d'être Belge en se faisant naturaliser à l'étranger, qui ne jouit plus de ses droits civils et politiques, qui a pris domicile à l'étranger, ou qui a cessé de payer le cens requis, sauf l'exception mentionnée au chapitre précédent, ne peut plus constitutionnellement rester sénateur. Son mandat cesse ; le texte de l'article 56 est précis et formel à cet égard ; il ne peut faire l'objet d'aucun doute.

S'ensuit-il que le représentant, se trouvant dans un cas semblable, sauf celui du cens non exigé pour lui, puisse conserver ses fonctions ?

Si l'on n'a égard qu'à la lettre même du texte constitutionnel, c'est l'affirmative qui doit prévaloir, attendu qu'il est de principe qu'une disposition de ce genre ne peut être étendue par analogie.

Si, tout au contraire, on consulte le bon sens et la raison, il est impossible d'admettre qu'un représentant ayant renoncé à la nationalité belge ou ayant subi une condamnation le privant de ses droits politiques, puisse continuer à siéger. Cela arriverait cependant, attendu que la condamnation ne touche pas au mandat parlementaire.

Celui-ci est donné par les électeurs ; il doit avoir légalement une durée de quatre ans. Dès qu'il a été validé, aucune autorité n'a le droit, ni le pouvoir d'en abréger la durée ; la dissolution seule peut plus tôt y mettre un terme.

Pour le Sénat, il y a une exception, et cette exception c'est la déchéance, non prévue quant à la Chambre.

Cette différence mérite déjà d'attirer l'attention, car elle est peu logique.

Sans doute, elle a été proposée au Congrès en vue du cens d'éligibilité, pour empêcher un candidat de prendre temporairement une patente dans le but de parfaire le cens requis, afin d'être élu, et d'y renoncer dès son entrée en fonctions. Mais cette raison particulière n'exclut en rien les motifs généraux qui rendent cette disposition nécessaire et empêchent de la supprimer.

D'autres causes, rares sans doute mais pas irréalisables, amènent la perte de l'une ou l'autre des conditions d'éligibilité ; il n'en est qu'une que malheureusement il est impossible de perdre : c'est celle de l'âge. Or, doit-on admettre que quelqu'un, ne pouvant pas être élu si le scrutin avait lieu le lendemain, soit en droit de siéger et d'exercer des prérogatives pour lesquelles la Constitution elle-même a imposé des conditions ? Faut-il, par exemple, admettre que quelqu'un, qui a volontairement cessé d'être Belge, ait le moyen, par son vote, d'empêcher une loi nécessaire d'être adoptée. La négative est tellement évidente que toute démonstration est superflue.

Non seulement la déchéance est nécessaire pour le Sénat, mais aussi pour la Chambre ; elle doit donc certainement être maintenue dans l'article 56 ; mais comment faire pour les représentants, puisque l'article 50, qui concerne ceux-ci, n'est pas soumis à revision ?

Voilà la difficulté ou plutôt l'obstacle ; est-il insurmontable ?

Naturellement, en matière constitutionnelle surtout, un chapitre uniquement réservé au Sénat, lorsque le précédent s'applique uniquement à la Chambre, ne peut s'occuper de cette dernière. Mais ici, si l'on n'a pas le choix des moyens, il faut chercher néanmoins à atteindre le but, quand bien même le procédé ne serait pas d'une régularité irréprochable.

On pourrait alors, dans ces conditions, ajouter à l'article 56 ces quelques mots : « La déchéance, prévue par le premier alinéa de cet article, est applicable, dans les mêmes conditions, aux représentants. »

Cela, tout au moins, aurait l'avantage d'établir l'harmonie entre des dispositions aujourd'hui en désaccord au sujet d'un point fort important.

Voici comment s'exprimait M. Bara, le 18 mai 1887, à la Chambre, en traitant une question se rattachant à ce sujet : « Bien que l'article 50, relatif à l'éligibilité à la Chambre des représentants, ne soit pas rédigé dans les mêmes termes que l'article 56, il n'est pas contestable qu'il ait la même étendue. Ainsi, si un représentant perdait la qualité de Belge, en acceptant, par exemple, la naturalisation à l'étranger, il y aurait lieu de procéder à son remplacement. »

La *Réforme*, des 24, 25 et 26 juin 1886, a publié, au sujet de la déchéance, une étude juridique savante de M. Louis Lepoutre, où l'auteur indique une cause qui pourrait avoir amené cette contradiction entre les articles 50 et 56 : l'exclusion pour cause de la perte de l'une des conditions d'éligibilité est de droit commun et n'a pas besoin d'être mentionnée par la loi. Telle est l'affirmation de la commission de la Chambre française qui, pour cette raison, n'a pas reproduit dans la loi du 5 mai 1855, relative aux conseils municipaux, l'article 19 de la loi du 21 mars 1831, concernant la question de déchéance.

Si telle a été la conviction du Congrès, lors du vote de l'article 50, il n'en a pas été fait mention. De même, quand le législateur a voté la loi communale, il a jugé nécessaire d'y inscrire la déchéance, tandis qu'il n'en est pas question dans la loi provinciale ; encore une contradiction.

En tous cas, quand bien même la déchéance serait de droit commun, ce droit n'est pas assez reconnu ni établi pour qu'il ne puisse éventuellement faire naître protestation ou même résistance, et il est bien préférable, quand cela est possible, qu'une disposition précise indique les circonstances qui commandent de l'appliquer.

Mais comment ?

A cet égard, rien n'est prévu ni stipulé nulle part ; c'est là une lacune de la législation, puisqu'il s'agit ici de l'application d'une disposition constitutionnelle.

Néanmoins, pendant la discussion de l'article 56, contenant la disposition relative à ce sujet, il conviendrait que les orateurs fissent valoir leurs idées sur ce point, de manière à éclaircir cette question.

Il n'y a eu pour le Sénat qu'un seul cas de déchéance ; elle a été prononcée par l'arrêté royal du 10 novembre 1845, convoquant les électeurs de l'arrondissement de Courtrai (1). La cause de celle-ci n'est plus aujourd'hui connue.

---

(1) Voici le texte de cet arrêté :

« Considérant qu'il y a lieu, aux termes de l'article 56 de la Constitution, de pourvoir au remplacement de M. le vicomte de Jonghe (Gustave), qui avait été élu sénateur, le 11 juin 1839, par le collège électoral du district de Courtrai (Flandre occidentale) ;

« Vu l'article 50 de la loi électorale du 3 mars 1831 ;

« Nous avons arrêté et arrêtons :

« Art. 1er. Le collège électoral du district de Courtrai est convoqué pour le 27 de ce mois à l'effet d'élire un sénateur.

« Art. 2. Notre ministre de l'intérieur est chargé de l'exécution du présent arrêté. » — *Moniteur* du 11 novembre 1845.

Théoriquement, cela est complètement irrégulier. D'après l'article 34 de la Constitution, les Chambres sont chacune omnipotentes pour la vérification des pouvoirs de leurs membres ; il n'existe aucun texte constitutionnel ou légal donnant au pouvoir exécutif le droit d'intervenir à l'effet de détruire l'effet que devait régulièrement avoir la décision du Sénat, qui avait validé les pouvoirs de ce sénateur.

Si, d'après les termes de l'article 34 susdit, aucune autorité n'a le droit de s'occuper, à la place de l'une des Chambres, de l'admission des membres de chacune d'elles, à plus forte raison, ni l'une ni l'autre de ces autorités ne peut ordonner, même indirectement, l'expulsion d'un sénateur ou d'un représentant, acte beaucoup plus grave, puisqu'il a pour conséquence la violation des règles générales établies par la Constitution et par la loi.

Si l'un des sénateurs doit encourir la déchéance, c'est par conséquent le Sénat seul qui peut la prononcer ; ensuite l'arrêté de convocation doit suivre, comme cela se fait lorsqu'une élection a été annulée.

L'intervention du Sénat est d'autant plus nécessaire que la déchéance ne peut être reconnue exister de plein droit ; il est en effet des circonstances où le doute n'est pas impossible. Comment, sans cette intervention, pourrait-on empêcher le sénateur déchu d'occuper son poste ?

De plus, comme l'établit la jurisprudence suivie par les Chambres, elles ne se considèrent pas comme obligées, dans leurs décisions, d'observer les arrêts judiciaires ; ces décisions peuvent même être contraires à ceux-ci.

Supposons, par exemple, un arrêt électoral décidant que le domicile de l'un des sénateurs n'est plus en Belgique. De ce chef il y aurait déchéance, selon les termes de l'article 56. Mais elle ne peut exister de plein droit ; il faut qu'elle soit prononcée et constatée par un acte. Ce n'est certainement pas l'arrêt qui peut avoir cet effet, vu l'incompétence absolue du pouvoir judiciaire en cette matière. C'est donc une décision du Sénat qui seule est ici efficace ; d'autant plus qu'il est parfaitement maître à son tour de décider que le sénateur en question a conservé son domicile en Belgique, et d'après cette décision, malgré l'arrêt, il n'y aura pas déchéance.

Il n'existe probablement en Belgique aucune question se rattachant à l'organisation gouvernementale, dont on se soit encore moins occupé que de celle de la déchéance. Elle a cependant de l'importance au point de vue théorique, et éventuellement, dans l'avenir, peut en acquérir au point de vue pratique.

CHAPITRE VII. — **Indemnité parlementaire.**

Il a été reconnu par la Constitution que le représentant reçoit une indemnité et non un traitement. Cela veut dire qu'en principe un député ne doit recevoir aucune rémunération pour son travail, ni pour le temps qu'il consacre à remplir son mandat ; mais il a été reconnu que l'État avait à rembourser au représentant, et non au sénateur, les dépenses que lui occasionne l'accomplissement de ses fonctions ; d'où il résulte que le député habitant Bruxelles n'a pas droit à l'indemnité. Celle-ci a été fixée à 200 florins par mois de session, évaluation des dépenses précitées.

La première question est celle-ci : faut-il que les sénateurs continuent à être privés de l'indemnité ? Comme nous l'avons déjà dit, la solution actuelle est juste quand, pour être sénateur, il faut posséder une grande fortune ; mais elle ne l'est plus si l'on ouvre le Sénat à des personnes qui ne jouissent pas de cet avantage ; alors l'égalité entre les deux Chambres s'impose, ou bien l'on retirerait d'une main ce qu'on donne de l'autre.

Pour reviser dans ce sens l'article 57 de la Constitution, il suffirait de le remplacer par ces quelques mots : « L'article 52 est applicable au Sénat ».

C'est le taux de l'indemnité qui est le point délicat, parce qu'il doit être fixé par ceux qui la reçoivent, et ils ne peuvent être ni injustes, ni trop généreux envers eux-mêmes.

Pour éviter les critiques, il est préférable de prendre des bases connues et sanctionnées par l'expérience ; il en est deux qui peuvent ici être utilement invoquées.

La première, c'est le texte à reviser lui-même, c'est-à-dire l'article 52 qui indique le taux actuel de l'indemnité ; on en conclurait qu'il faut continuer à fixer celle-ci à une somme de 400 à 500 francs par mois de session, ce qui ne changerait guère à cet égard la situation présente.

Ainsi qu'il résulte du texte constitutionnel, il ne s'agit nullement ici de rémunération du travail, mais bien d'une indemnité pour rembourser les dépenses occasionnées par l'exercice des fonctions. La somme en question peut être jugée trop faible, mais c'est là une évaluation faite par le Congrès et qu'il convient de respecter, afin que l'indemnité ne puisse pas être considérée comme un traitement déguisé (1).

---

(1) Des journaux ont récemment indiqué de la manière suivante le taux de l'indemnité parlementaire dans les différents pays :

Belgique : 420 frs. par mois de session.
Danemark : 18 frs 75 c. par jour.
Portugal : 1,675 frs par an.
Suède : 1,678 frs. par session de quatre mois.
Norwège : 1,650 frs. id.
Suisse : 12 frs. 50 par jour, au Conseil national ; 750 à 800 par an, au Conseil fédéral.
États-Unis : 5,200 frs. par an, plus 1 fr. par mille pour frais de déplacement.
Italie : parcours gratuit en chemin de fer.
Grèce : sénateurs, 500 frs. par mois ; députés, la moitié.
Allemagne : 11 frs. 25 par jour.
Autriche et France : 25 frs. par jour.
Espagne et Angleterre : rien.

Quant à la distinction entre les députés habitant Bruxelles et les autres, il est évidemment préférable de la faire disparaître, vu l'impossibilité de parvenir à trouver entre eux une différence ne donnant pas lieu à des injustices. Aujourd'hui, le représentant demeurant à St-Josse-ten-Noode, à quelques minutes de la Chambre, touche l'indemnité, tandis que son collègue habitant la ville, dans un quartier éloigné, en est privé; il arrive même que dans certaines rues celui qui habite du côté droit jouit de cet avantage, tandis que celui-ci n'existe pas pour le député demeurant vis-à-vis, du côté gauche. Des anomalies semblables ne peuvent être maintenues, d'autant plus qu'il est incontestable que, pour l'habitant de la ville même, l'exercice du mandat parlementaire est une source de dépenses.

L'autre texte à invoquer est l'article 61 de la loi provinciale, par lequel le conseiller, domicilié hors du chef-lieu, touche une indemnité de cinq francs par séance, outre ses frais de voyage.

Le jeton de présence remédierait sans doute, dans la mesure du possible, au défaut que la presse et l'opinion publique ont souvent reproché aux représentants : des absences trop fréquentes. S'il y avait, comme au conseil provincial, un registre de présence, les absences seraient ainsi officiellement constatées, et les électeurs pourraient apprécier le zèle montré par chacun de leurs mandataires pour remplir son mandat.

Reste à fixer le taux du jeton de présence, qui naturellement ne pourrait pas être de cinq francs, puisqu'alors le chiffre établi par le texte actuel serait réduit. Le mois comprend quatre semaines, et pour chacune d'elles il y a quatre séances, plus deux ou trois jours, pouvant augmenter le nombre des séances, mais dont il est préférable de ne pas tenir compte, pour compenser ceux pendant lesquels, pour une raison ou l'autre, on ne siège pas. En fixant le taux du jeton de présence à 25 francs, cela ferait en moyenne une somme de 400 francs par mois, quelque peu inférieure à l'indemnité actuelle. Pour rétablir l'équilibre et encourager en même temps la présence des députés dans les sections, ce qui paraît nécessaire, un autre jeton de présence existerait pour celles-ci, et cette fois il serait possible d'admettre le taux fixé par la loi provinciale, c'est-à-dire cinq francs. De plus, pour observer complètement le texte de cette loi, très juste ici, le député aurait le libre parcours en chemin de fer, de la localité qu'il habite jusqu'à Bruxelles.

Voici quelle pourrait être alors la nouvelle rédaction de l'article 52 :

« Chaque membre de la Chambre des représentants reçoit mensuellement une indemnité déterminée par le nombre des jetons de présence qui lui sont acquis. La valeur de chacun de ceux-ci est de vingt-cinq francs par jour de séance de la Chambre, et de cinq francs par réunion de section.

« Le député jouit en outre, pendant la durée de la session, de la gratuité du parcours en chemin de fer, depuis le lieu de son domicile jusqu'à la ville où se tient la session. »

Dans ces conditions, l'article 52 de la Constitution resterait à peu près le même au point de vue financier, ce qui légitimement ne pourrait soulever aucune critique, et les changements qui le modifieraient semblent devoir réaliser le but que l'on cherche à atteindre.

ANNEXE.

Articles de la Constitution soumis à revision.

1er. — La Belgique est divisée en provinces.

Ces provinces sont : Anvers, le Brabant, la Flandre occidentale, la Flandre orientale, le Hainaut, Liège, le Limbourg, le Luxembourg, Namur, sauf les relations du Luxembourg avec la Confédération germanique.

Il appartient à la loi de diviser, s'il y a lieu, le territoire en un plus grand nombre de provinces.

26. — Le pouvoir législatif s'exerce collectivement par le Roi, la Chambre des représentants et le Sénat.

36. — Le membre de l'une ou de l'autre des deux Chambres, nommé par le gouvernement à un emploi salarié, qu'il accepte, cesse immédiatement de siéger, et ne reprend ses fonctions qu'en vertu d'une nouvelle élection.

47. — La Chambre des représentants se compose des députés élus directement par les citoyens payant le cens déterminé par la loi électorale, lequel ne peut excéder 100 florins d'impôt direct, ni être au-dessous de 20 florins.

48. — Les élections se font dans telles divisions de provinces et dans tels lieux que la loi détermine.

52. — Chaque membre de la Chambre des représentants jouit d'une indemnité mensuelle de 200 florins pendant toute la durée de la session. Ceux qui habitent la ville où se tient la session ne jouissent d'aucune indemnité.

53. — Les membres du Sénat sont élus, à raison de la population de chaque province, par les citoyens qui élisent les membres de la Chambre des représentants.

54. — Le Sénat se compose d'un nombre de membres égal à la moitié des députés de l'autre Chambre.

56. — Pour pouvoir être élu et rester sénateur, il faut :

1o Être Belge de naissance ou avoir reçu la grande naturalisation ;

2o Jouir de ses droits politiques et civils ;

3o Être domicilié en Belgique ;

4o Être âgé au moins de quarante ans ;

5o Payer en Belgique au moins 1000 florins d'impositions directes, patentes comprises.

Dans les provinces où la liste des citoyens payant 1000 florins d'impôt direct n'atteint pas la proportion de 1 sur 6,000 âmes de population, elle est complétée par les plus imposés de la province, jusqu'à concurrence de cette proportion de 1 sur 6,000.

57. — Les sénateurs ne reçoivent ni traitement ni indemnité.

58. — A l'âge de dix-huit ans, l'héritier présomptif du Roi est de droit sénateur. Il n'a voix délibérative qu'à l'âge de vingt-cinq ans.

60. — Les pouvoirs constitutionnels du Roi sont héréditaires dans la descendance directe, naturelle et légitime de S. M. Léopold-Georges-Chrétien-Frédéric de Saxe-Cobourg, de mâle en mâle, par ordre de primogéniture, et à l'exclusion perpétuelle des femmes et de leur descendance.

61. — A défaut de descendance masculine de S. M. Léopold-Georges-Chrétien-Frédéric de Saxe-Cobourg, il pourra nommer son successeur avec l'assentiment des Chambres, émis de la manière prescrite par l'article suivant.

S'il n'y a pas eu de nomination faite d'après le mode ci-dessus, le trône sera vacant.

TABLE DES MATIÈRES.

ERRATUM.

Page 41, ligne 7 : lire *collège de l'arrondissement*, au lieu de *collège du département*.

www.ingramcontent.com/pod-product-compliance
Ingram Content Group UK Ltd.
Pitfield, Milton Keynes, MK11 3LW, UK
UKHW021119220726
13924UKWH00004B/1797

9 782019 225414